丛书编委会

（按姓氏拼音排序）

陈向明　程介明　崔允漷　纪明泽　刘　坚
桑　标　汤林春　唐江澎　王　素　杨向东
张　丰　张民生　张卓玉　赵　勇　周增为

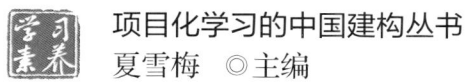

项目化学习的中国建构丛书

夏雪梅 ◎主编

跨学科的项目化学习：
"4+1"课程实践手册

张悦颖　夏雪梅　◎著

教育科学出版社
·北 京·

跨学科的项目化学习：
"4+1"课程实践手册

推 荐 序

让素养在中国的课堂上真实地生长

尹后庆*

当前，我国基础教育课程改革正在进入一个新的历史阶段。我们已经提出了中国学生发展核心素养体系，并正在以学生发展核心素养为主线着力建设和完善基础教育课程体系。一系列新的理念和设计贯穿从普通高中到义务教育阶段的课程方案和课程标准的修订，这些理念和设计的落实需要整个教育系统所有人形成共识，共同学习在面向未来的教学体系中需要具备的各种能力。正因如此，我们的任务非常艰巨。假如我们都把自己认定为教育工作者——不管是实践者、研究者还是决策者——我们要共同献身于教育事业的话，哪怕这条道路再艰难，都得去走。

核心素养是个人在信息化、全球化、学习型社会，面对复杂的不确定的情境时，综合运用所学的知识、观念、方法，在解决实际问题时所表现出来的价值观、必备品格和关键能力。核心素养强调的关键是价值观，强调对真

---

* 国家督学，中国教育学会副会长，上海市教育学会会长。

实、复杂性问题的解决能力。

指向核心素养的教育变革是一个系统的变革。第一，我们需要以核心素养为指引提炼各学科的大观念、大概念，也就是要通过提炼各学科在培育学生核心素养中可能和应该做出的贡献，贯通从知识点走向学科育人目标的全程。第二，我们需要以核心素养为指引和依据来选择学习内容，也就是解决"学什么"的问题。在国家层面，反映为教材的编制；在学校和教师层面，表现为依据学情对教材进行校本化、生本化的探索。第三，我们需要设计保证核心素养目标得到落实的教学过程和教学方法，也就是解决"怎么学"的问题。要从"以知识为本"的教学转变为"以核心素养为本"的教学，从"以讲授为中心"的课堂转变为"以学习为中心"的课堂。第四，我们需要设计与核心素养培育的教学目标和方式相适应的评价标准和评价方法。评价将引导和促进教师在教学中坚持和坚守素养目标。

核心素养培育的落实不仅仅是教学内容的选择和变更，更是以学习方式和教学模式变革为保障的系统变革。要真正实现学习方式和教学模式的改变，需要深刻理解人是如何学习的，需要回归学习的本质，回归学习是对问题的探求。在这个过程中，学习者既能够对外部世界有深入的探求，又能够实现对自己精神家园的建构，这应该是学习的本意。因为学习不再只是把外部世界的知识装进脑袋里，而更应该是学习者在持续地自我发现问题和自主解决问题中，探索世界，认知自我，发展理性。

项目化学习是体现这种学习本质的方式之一。项目化学习要引导学生在真实情境中发现问题、解决问题，又在解决问题过程中去发现新问题，呵护和点燃学生的学习热情，引导学生探究并体验包括学科知识在内的外部世界，发展对学科以及外部世界的内在兴趣。项目化学习最重要的价值是对问题的持续不断的探求，这是学习的本质。探求的过程不仅仅是实现对外部世界的探索，而且要在对外部世界的探索中不断追问自己，不断形成自己的价值观念，不断形成自我的精神世界。这是需要我们在未来的学习中大力倡导的。

今天在我国的教育背景中探讨项目化学习，要立足于我们国家基础教育课程变革的整体环境。项目化学习的探讨和推进不是孤立的，而是要上联对立德树人的思考，下接对学生学习质量的追问，考虑学生的知识学习逻辑和项目逻辑之间的关系。

项目化学习是有思维含量和思维发展意义的学习。项目化学习要让学生透过问题的情境看到问题的本质，要在实际问题的探究和解决中，调动和激活相关的知识，形成可迁移的思维方式，并在项目的完成中实现对不同学科知识的深度理解。从这个意义上说，项目化学习是创造条件让学生不断迸发思维火花、产生精彩观念的过程。

项目化学习要让学生热情而有创意地生活。我们的孩子不能只是学科知识的复制者，而应该是有灵动生命的生活者。项目化学习真实性情境的特征联结了生命、学科和世界，赋予他们探究的双眼、具身的体验，促进他们更热情、更自由、更富有创造性地投入到对世界的探索中。

项目化学习要让学生感受到学习的意义。我们的老师经常会问一个问题：我花比较少的时间就可以把知识教给学生了，而让学生自己去探究需要花很长时间，那教学有效性体现在什么地方？我想，现有知识传授过程中的有效和无效上面，还应该有一项"意义"原则。所谓"意义"，就是人生活的目的，即谋求人与世界更好地相处。具体就是谋求完善自我，完善与他人及社会的关系，谋求人与自然的关系。这个意义是在所谓有效与无效之上的。更好地实现这个意义就是有效。当这个意义无法实现的时候，再多的用符号表达的知识记忆，其意义也是缺失的。项目化学习的过程和成果都应该让学生获得学习的意义。

在这样的学习中，教师的责任是什么？教师要在教学中创造鲜活的、智慧的、符合人的学习成长规律的生活，而不是把教学作为一套机械、僵化、背离人的学习和成长规律的操作程序。项目化学习是教师和学生合作展开有意义的探究的过程，在探究中表达并实现自己的思想和意义。

在复杂的、变动不羁的时代，教育有自己的使命、理想和追求。素养导向的教育变革是这个时代一项伟大而艰巨的使命，需要我们安静和专业地去对待。我相信，只要我们认准一个目标，脚踏实地地去做，目标就一定会实现。学习基础素养项目组6年来的研究和实践历程能够表明，长期扎根于学校课堂的实践和探索，始终致力于素养在课堂中的落地转化，最终是能开花结果的。我们高兴地看到，实践中正在涌现一批生动活泼地探索项目化学习的学校和教师，这是令人振奋的事情。我们需要更多的前行者和探索者，不畏艰辛，勇于思考，积极开拓，让这场静悄悄的变革、意义深远的变革在更多的课堂里生根、开花、结果。

2020 年 11 月

跨学科的项目化学习：
"4+1"课程实践手册

项目化学习的中国建构需要什么？

夏雪梅

一

项目化学习的中国建构需要价值观作为灵魂

我们为什么需要项目化学习？

在第一本书《项目化学习设计：学习素养视角下的国际与本土实践》中，我们提出，项目化学习是为了心智的自由。

这两年来，全球范围内越来越多的不可测事件，促使我不断思考这个命题。心智的自由应该植根于对社会的责任。心智的自由不是放任个体的自由，每一个个体都在和他人的关系中生长，个体要对所处的共同体和自然界负责。今天的教育需要引导我们和我们的孩子思考如何用自己所学的知识创造更美好的世界。

诚信、尊重生命、独立的批判性思考、社会责任感、严谨的科学态度与精神不应该缺席。项目化学习对人的成长意义是在做事中学习，在做事中打磨和升华自身的价值判断。项目化学习强调要让我们的学生关注真实的世界，不仅仅是为了让学生深度理解和掌握概念，或者锻炼思维能力，同时也是为了引导学生敬畏自然与生命，理解何为社会责任。

在传统的教学中，大量琐碎的知识和机械重复的学习往往无法让学生理解何为对现实的关怀和天下兴亡、匹夫有责的情怀，只抓住细节的点点滴滴不能让学生有大的图景，看到不同的细节和事件背后的相互关联，形成牵一发而动全身的理解。竞争性学习很难让学生体会到共同体的社群价值，理解"我""你""他"作为地球公民之间不可分割的关系。

我们需要怀有对自然、对生命、对科学的敬畏之心。

从"全国项目化学习案例平台"几年来收集到的6000多份国内项目化学习案例来看，有将近70%的案例是在探讨与自我和日常生活、学科知识有关的话题，而较少在日常现象中体现更为深切的社会关怀主题。我们对国际上经典的项目化学习案例进行分析后发现，这些案例往往带有强烈的社会关怀，指向人类普遍关注的重大社会性、科学性议题，如生态环保、太空探索、文化保护等。有研究者通过对美国和中国的STEM[①]项目的对比研究也得出了类似的结论。68.75%的美国STEM课程在构建情境时能够结合社会、自然环境等方面的问题或挑战。相比之下，国内能够体现这一评估细则的课程样本仅占38.46%。（闫寒冰 等，2020）

那么，如何在项目化学习中对学生的价值观进行引导？这并不是停留于空洞的口号或说教，而是要让学生对人类面临的真实问题有"切肤之痛"，产生"关联之感"，使学生主动地、持续地卷入项目探索。在大多数疫情主题的项目中，我们很遗憾地看到，很多学校对疫情主题的学习是一次性的，知识的介入是一次性的，完成的成果也是一次性的。比如，做一个口罩，完成消毒剂的制作，根据各地疫情数据绘制曲线图，将疫情作为项目背景。但是我们是否反思过，做这样的项目的目的是什么？为什么要做口罩，对学生的价值在哪里？又如，对垃圾的处理，如果只对垃圾进行简单改造，将废旧报纸做成手拎包，那这些就只是"花边项目"，并未触及价值观的灵魂。在

---

① STEM 是 Science（科学）、Technology（技术）、Engineering（工程）、Mathematics（数学）的缩写。

国际上经典的垃圾主题项目中，前端会加上对垃圾来源的考察，链接"我"作为垃圾源，让学生直观地收集一周的垃圾，中期加入对不同类型垃圾的产生原因和处理方式的探索，预测不同类型垃圾的降解时间，后端会让学生生成与垃圾处理相关的经济、商业设计，由此让学生产生"没有任何垃圾是垃圾"的深度理解。这样的项目历程更加上位、开阔和深邃，对学生的价值观引导、情感和思维培育的价值会更大。

一个好的项目不仅需要还原真实世界的本质面貌，更应该具有开阔学生眼界、提升学生格局的立意。项目化学习的中国建构需要有深切的社会关怀，为学生打开面向世界和面向未来的窗口。我们需要抬起头来，仰望星空，从个人扩大到全球、浩渺的宇宙，以人类普遍面临的困境、机遇与挑战为项目契机，塑造自由的灵魂。

二

项目化学习的中国建构要基于理智传统，海纳百川，和而不同

项目化学习的中国建构需要长远而广阔的理智视野。我们需要承认，项目化学习是有其理智传统的，如果不认可、不理解其理智传承中的精髓，实践会变成对历史中走过的弯路的简单重复。项目化学习在西方有着悠久的历史和复杂的来源。最早的一条历史脉络可以追溯至16世纪，以建筑师、画家和雕刻家为代表，他们认为自己的职业与传统的石匠和工匠不同，是有艺术性的，需要科学和艺术的理论知识与长期训练，不仅仅通过口耳相传。所有有志于进入这一行业的学生都要接受"设计的挑战"（design challenges），形成的作品被称为progetti（project），即为今天项目化学习的原型。progetti需要满足五大标准，即今天巴克教育研究所的项目化学习黄金准则的雏形。

（1）挑战性问题，围绕这个问题展开积极的问题解决，而不仅仅是聆听、理解、整合、再现。

（2）真实性，progetti反映艺术家、建筑师的真实期望和工作经历。

（3）为了回应教师提出的真实性问题，学生需要发声和抉择，从而提出

解决方案和模型。在此过程中可能产生多种答案。

（4）产生公开的产品。"产品"一词来源于拉丁文"producer"，意思是"to bring forth"，产品是创造力的外在表现，让学习变得可见。

（5）一旦学习变得可见，那么他人将能够参与讨论，给予反馈，参与批评和帮助改善，作者自身也能形成反思。

近代的项目化学习又融入了杜威"做中学"的科学探究原型，以及医学教育中的基于问题的学习（Problem-Based Learning）的特征，强调在真实问题中运用科学思维和方法进行持续探究。这就使得今天主流的项目化学习带有强烈的设计导向和科学探究意味，体现为映射学科或跨学科的核心概念和原理，以项目成果（人工制品）反映领域专家（科学家、数学家、作家、历史学家、工程师等）的实践活动。

项目化学习的中国建构不能脱离这样的理智传统和国际大背景而展开。项目化学习需要基于特定的质量标准，并不是所有的活动、实践都可以称为"项目化学习"。今天，进入到21世纪，在素养的变革浪潮中，国际上诸多国家、地区和创新学校进行了各类学与教的变革，虽然名称不一，但往往具有挑战性问题、真实情境、持续探索、增进反思等要素。这些国际上具有项目化学习要素的课程、教学、评价实践，在本丛书中都有所呈现。这些来自他乡的实践有着多彩斑斓的生态，促使我们思考中国的项目化学习实施之路。

海纳百川，和而不同，是我们进行项目化学习中国建构的原则。

晏婴阐述了中国"和"的思想：

和如羹焉，水火醯醢盐梅以烹鱼肉，燀之以薪。宰夫和之，齐之以味，济其不及，以泄其过。……若以水济水，谁能食之？若琴瑟之专一，谁能听之？同之不可也如是。（《左传·昭公二十年》）

项目化学习的中国建构，不是要发展一个"以水济水"的单一样态，而是尊重现有实践，在各种可能的样态中，用项目化学习的要素，"齐之以味，济其不及，以泄其过"，允许不同样态和阶段的项目成长。在中国广袤的大地上，在中国分学科的情境中，在国家课程、地方课程、校本课程、研究性学习等多样的课程样态中，在德育、劳动教育、艺术教育、科学教育等多样的领域范围内,在学校原有的探究性作业、长周期作业、传统活动中都可以生长、创造出丰富多样的项目化学习样态。《项目化学习的实施:学习素养视角下的中国建构》这本书提出了活动项目、学科项目、跨学科项目这三种类型及不同学校的实施样态,就是一种指向不同课程类型和功能的尝试。

更进一步说,目前全国或区域推行高质量标准的项目化学习的时机还并不成熟,很多教师对核心知识的把握、学习支架的设计的理解还有待深化。在这种情况下,当下大多数的项目还不是严格意义上的项目化学习,但我们不能否认其中有值得肯定的创新因子。所以,我们还需要逐步探索项目升级的阶梯。在原有的基础上向前一步,向上一步,避免太早用统一的标准和架构来进行规范和约束。在教育中,很难有全新的实践,人的理解和实践都要经历慢慢成熟和迭代的过程。

千江有水千江月,实践是千变万化的。人是多样的,社会是丰富的。就如这次突发的新冠肺炎疫情,催生出了以往比较少见的家庭项目以及线上项目。"和"不意味着大家都是整齐划一的,"和"的基础正在于其差异性和多样性:

夫和实生物,同则不继。以他平他谓之和,故能丰长而物归之。(《国语·郑语》)

三

项目化学习的中国建构需要指向我们的教育短板

我们的教育短板是什么?

在国际比较中,中国学生往往被认为基础扎实,但是在创造性、问题解决方面存在不足,甚至是"短板"。(臧莺,2012)中国的基础教育被认为更注重知识掌握和知识体系的构建,而对包括创造性在内的21世纪技能关注较少。(傅冰,2005;朱小虎,2016)我们认为,在当下中国的教育情境中，项目化学习的重要使命之一就是要补足中国教育的这块"短板",通过多种项目形态,让我们的学生拥有真实的问题解决经历,成为积极的行动者,调动已有的知识经验、能力基础,创造性地解决真实情境中的问题。

Guilford（1967）早在50多年前就宣称,创造性是全面意义上的教育关键,也是人类最严重问题的关键。在今天这样一个变动不居的人工智能时代,这一重要性更加凸显。面对错综复杂的不确定的问题,人是否能够创造性地思考,产生尽可能多的新颖方案,因地制宜地筛选适切的方案,成为区别人与人工智能的重要方式之一。创造性思维可以提高许多个人能力,包括元认知、解决问题的能力,促进个人认同和社会参与,提升学业成就和未来职业成就。（Barbot et al.，2017）

项目化学习的中国建构要能引导项目的设计和实施指向让学生更富创造性地解决问题。从2015年接受上海市教委任务,成立学习基础素养项目组开始,我们就展开了这样的探索。在我们对素养的理解中,素养、学习、创造性三者之间具有内在的一致性。

素养有两个要素是必不可缺的：

第一，应用自己的所知完成特定的任务或问题;

第二，有能力在不同的情境间进行迁移。（Chisholm，2005）

对情境的学习力和迁移力是素养的核心。素养在情境中形成、抽象、迁移、转换。素养的形成意味着个体在以往的情境中具有足够的学习力,能在新情境中迅速找到自己想要的资源,建立知识间的联系,对新情境进行判断,最终能解决问题。简而言之,这种在不同情境中创造性解决问题的能力就是"素养"。

"素养"蕴含着对学习、学会学习的新的理解。学习不是指被动、机械地习得现成的知识与技能,也不是指孤立地训练各种认知能力,而是指在情境中获得生长性经验,再迁移并进行创造性运用的过程。学习是带有创造性的。

2019年下半年,我们再次接受上海市教委的委托,根据中共中央、国务院《关于深化教育教学改革全面提高义务教育质量的意见》,研制上海市项目化学习三年行动计划。2020年,上海市教委发布的《上海市义务教育项目化学习三年行动计划（2020—2022年）》中，将"创造性问题解决"作为推进目标，并从这一角度对项目化学习进行了界定：

> 以校长为核心的教育教学团队，在学校活动领域、学科领域和跨学科领域，设计真实、富有挑战性的问题，引导和指导学生在一段时间内进行持续探究，尝试创造性地解决问题，形成相关项目成果。项目化学习要把握育人方向，全过程融入爱国主义、社会主义核心价值观、中华优秀传统文化、公民道德等元素，培养学生创造性思维、批判性思维、团队沟通与合作等重要的终身学习能力，促进教与学方式变革和教师专业成长，激发学校办学活力。

在新一轮的行动中，我们认为，每一个学生都有创造性，学生对一件事的重新理解或新想法就是创造。创造力并不是少数人独有的、神秘的、随意的。创造性是可以培养的，可以通过累积领域知识、思维方法，逐步产生富有洞见的新想法等各种方式产生。（Hung，2015）我们的教育应该创造机会让学生能对经验、行动或事件做新颖的、有意义的诠释，有机会解决日常的、复杂的真实问题，发展自己的创造性。（孙崇勇 等，2016）未来的创新型人才、伟大的发明创造都始于这些微小的创造性想象和解释。（Beghetto et al.，2007；林崇德 等，2012）

创造性问题解决很难通过传统的基于讲授的教学方法习得。（Sweller et al.，2011；Geary，2002，2006）关于生物主要能力（biologically primary abilities）的理论对这个问题提供了生物学层面的解释。该理论认为，生物的主要能力，诸如第一语言、社会能力、问题解决和创造性，是在漫长的积累、实践、获得反馈、改进等过程中形成的能力和技能，不可能通过一次短短的演绎式的教学就可以习得。换句话说，生物主要能力的形成是一个"精耕细作"的过程。

而项目化学习为提升学生的创造性问题解决能力提供了新的可能性，Hung（2015）分析了项目化学习指向创造力培养的不同维度，涵盖项目化学习所引发的学生内在需求、问题本身的开放性和新颖性、深入的社会性互动以及通过小步骤的创造性积累的过程。他进而提出，项目化学习不仅充满了各种能够彰显学生创造性的契机，而且还加快了这一"精耕细作"的过程。

从实证研究的数据来看，绝大多数的元分析（Strobel et al.，2009；Walker et al.，2009）支持项目化学习在知识深度、灵活性、知识持久程度等指标上优于传统的教学方法。有研究者（Sulaiman et al.，2014）的实验研究表明，项目化学习对学生的创造性思维有直接的显著影响。

在新一轮的探索中，我们希望用不同类型的项目带给学生在不同领域、课程中的多样的创造性体验。在活动项目中，引导学生体会日常的、身边的、真实的问题解决过程；在学科项目中，帮助学生形成对知识的新见解，引导学生创造性地用学科知识进行新实践；在跨学科项目中，引导学生关注更具有社会关怀导向的真实而复杂的问题，探索实践不同专业领域的合作地创造性解决问题的方式。

四

"学习素养·项目化学习的中国建构丛书"正是基于上述这些探索而诞生的。

这套丛书将是一个慢慢发展和完善的过程，因为每一个成熟案例的诞生都需要经历实践的迭代。高质量的实践需要时间。

在这套丛书中，有项目化学习的理论构建，有来自国内各先行地区的实践案例，有对国际上项目化学习的样态分析，有基于学校场域的课程结构性的变革，有持续迭代的活动、学科、跨学科项目的经典案例。尽管方向各有不同、样态参差多样，但无一不是躬行实践的结果。

我们希望这套丛书能够给当下国内的项目化学习探索以新的启发，希望用先行者的亲身尝试追根溯源，探索出可行的道路，为我国基础教育课程改革研究和实践提供资源与经验。

本丛书出版过程中得到了编委会的各位前辈和同行的专业引领与支持，与美好的思想和心灵交流是一件很幸福的事，在此一并致以诚挚的谢意！

2020 年 11 月

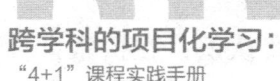

跨学科的项目化学习：
"4+1"课程实践手册

前　言　写给有同样困惑的校长和老师

第一章　"最好的"课程形态是否可能在中国的学校中生长？

世界上可能是最具素养的课程体系——IB课程，世界上可能是最跨界的学习方式——项目化学习，如何在普通的公立学校中合力生长？

第一节　"最好的"课程是怎样的？ ……………………………………… 003
第二节　跨学科的项目化学习形态1：IB课程 …………………………… 008
第三节　跨学科的项目化学习形态2：现象教学 ………………………… 017
第四节　中国学校课程深度变革的现实之路 …………………………… 022

第二章　4+1>5，一个中西融合的课程结构

在今天这样一个时代，仅仅在一个孤立的学科领域中教育学生是不够的。学生需要在情境中学习，超越学科界限联结各种学习，在各学科之间建立联系，将各个学科中学到的内容整合起来，学以致用，知行合一。

第一节　"4+1"是什么？ ………………………………………………… 031
第二节　为什么是"4+1"？ ……………………………………………… 034
第三节　"1"的结构化设计 ……………………………………………… 037
第四节　成为"4+1"的教师 ……………………………………………… 044

第三章　自我认识：在探索世界中发现自我

"自我认识"课程旨在引导学生探究自我，从个人的身体与器官出发，了解自己作为人的特点，探索情感、心智、信仰与价值观之间的奥秘，理解并尊重差异。

第一节　"自我认识"是什么？ ······································· 051

第二节　"自我认识"的项目结构 ····································· 054

第三节　"自我认识"项目群：以三年级"情绪和管理"主题为例 ········· 058

第四节　"自我认识"中的学与教 ····································· 076

第四章　自我表达：在呈现自己中引发共鸣

"自我表达"课程旨在引导学生通过语言、表情、艺术、信息技术等多种方式表达自己内心的情感、思想、观点，向外界传递和分享自我独特的信息，引起他人的共鸣。

第一节　"自我表达"是什么？ ······································· 085

第二节　"自我表达"的项目结构 ····································· 088

第三节　"自我表达"项目群：以一年级"肢体与语言"主题为例 ········· 091

第四节　"自我表达"中的学与教 ····································· 109

第五章　自我组织：在系统中平衡自我与组织

"自我组织"课程旨在引导学生联结自我与周围物理环境和人际环境，理解学校、社区、社会等多种组织的运作、规则与功能，平衡自己的角色与组织之间的关系。

第一节　"自我组织"是什么？ ······································· 121

第二节　"自我组织"的项目结构 ····································· 124

第三节　"自我组织"项目群：以一年级"学校的生活"主题为例 ········· 127

第四节　"自我组织"中的学与教 ····································· 143

第六章　身边科学：探究现象与预测未知

"身边科学"课程旨在让学生探究生活中的自然科学，从研究"这一切都是由什么构成的"和"这一切是怎么发生的"出发，了解并预测生活中无处不在的科学。

第一节　"身边科学"是什么？ ………………………………………… 155

第二节　"身边科学"的项目结构 ……………………………………… 158

第三节　"身边科学"项目群：以二年级"多样的生命"主题为例 …… 161

第四节　"身边科学"中的学与教 ……………………………………… 180

第七章　地球空间：保护资源与共享星球

"地球空间"课程旨在让学生探究地球和它所在的空间特征及其相互关系，自然界和人类活动的相互影响，自然灾害的发生和应对，资源和环境的保护。

第一节　"地球空间"是什么？ ………………………………………… 193

第二节　"地球空间"的项目结构 ……………………………………… 196

第三节　"地球空间"项目群：以四年级"灾害和援救"主题为例 …… 199

第四节　"地球空间"中的学与教 ……………………………………… 218

第八章　技术工程：技术运用与持续发展

"技术工程"课程旨在引导学生运用多种材料和不同的技术方法来解决实际问题，以找到改进自己、改进他人和世界，并促进可持续发展的解决方案。

第一节　"技术工程"是什么？ ………………………………………… 233

第二节　"技术工程"的项目结构 ……………………………………… 236

第三节　"技术工程"项目群：以一年级"简单机械"主题为例 ……… 239

第四节　"技术工程"中的学与教 ……………………………………… 256

参考文献 …………………………………………………………………… 265

后　　记 …………………………………………………………………… 269

写给有同样困惑的校长和老师

我一直有一个深深的困惑，多年来，我们致力于教育改革，提倡以学生为主体，以自主、合作与探究式的教学方式，培养有创新精神和实践能力的人才，但事实上课堂形态没有发生太大的变化。

传授式的课堂仍然是大多数学校的常态，而当今全球的教育趋势越来越推崇主题式、项目式的课程，认为其包含着更多适应未来社会的要素，能让学生更积极地学习。作为校长，我一直在思考如何建立个性化的学习系统来带动学与教的实质性变革。

2013年，上海市世界外国语小学（以下简称"世外"）托管了一所公办学校——上海市徐汇区康健外国语实验小学（以下简称"康外"）。康外是一所老百姓家门口的学校，必须负责任地全纳周边居民的孩子，不得挑选生源。作为区域教育行政部门的一项创新政策，民办小学托管公办学校，希望能够把世外二十多年来办学特色中的优秀基因植入康外，促进其产生能使自身获得优质发展的"造血干细胞"。因为，把世外的课程照搬进康外是不可行的。

世外是上海市一所负有盛名的民办小学，其不同校部分别实施不同的课程。境内部有着丰富的分学科管理和实践经验，国际部实施国际文凭组织小学跨学科项目式课程项目PYP（Primary Years Programme，简称PYP）。作为世外的校长，我深刻地感受到了两种课程模式之间的差异和优劣，当有机会去承办一所新的公办学校时，便希望能够把两种课程模式的优势结合在一起，趋利避害，形成一种新的课程结构模式。

经过近五年的探索，我们在康外创造出了"4+1"课程。学校以每周4天学科课程和1天综合主题项目活动为架构，在确保用4天时间完成国家学科课程教学的前提下，用1天的系列主题项目活动，促进学生在解决实际问题的探究实践过程中，综合运用学科的知识、技能，全面发展综合素养。

"4+1"课程设置了基于探究和体验的课程模块，为培养学生解决问题的综合能力和促进学生的社会性发展提供了丰富的经历体验和时空保证。在结构上，"4+1"课程组成了简明清晰的课程框架，基于国家课程标准，结合两种课程优势，把丰富的思考转化成简单易行的操作模式，便于教学安排和课程管理。在内容上，开发和创建了综合主题活动系统。其中，"1"的课程设计系统连贯，围绕"自我认识"等六个主题，形成了与年龄特征匹配的30个螺旋上升、依次递进的单元和360多个项目供师生使用、再造和创生，避免了活动课程的随意性和盲目性。在实施路径上，形成了有显著探究特征的步骤，以儿童探索为中心的教与学的方法成为课堂主要样态，"调查世界""辨识观点""采取行动""交流想法"的探究模型螺旋循环出现，鼓励学生不断创新。在教师专业发展上，提升了教师驾驭两种不同课程模式的综合能力，带动了学科教学嬗变。

作为一所公办小学，康外在资金、师资、生源均为常态配置的情况下，以每周4天学科课程、1天综合主题项目活动为架构，从一年级到五年级，用系列性、层次性的实践性课程，探索了传授和体验相结合的课程体系的操作思路和实践路径，实现小学生的知行统一，成为学校内涵发展中一项普遍价值和突破意义的实践成果。

"4+1"课程模型的构建与实施实现了我的两个心愿：一是把我在民办学校多年积累的经验，在公办学校进行了切实可行的转化；二是形成的这个课程模型具有很大的推广价值，因为它既有完整的框架结构，又为学校提供了校本化的空间，不同的学校都能在同一个模型内根据自己的基因形成自己的特色。所以，继康外之后，又有两所学校实施了"4+1"课程模型。

我总是相信，每一所学校都有其独特的基因，一个校长的使命就是解读学校的基因，并构建一套个性化的学习系统。无论孩子的天资和背景如何，只要通过学校建立的行之有效的个性化学习系统，都有机会充分实现潜能，达到最优。

张悦颖

2018 年 3 月 8 日

跨学科的项目化学习：
"4+1"课程实践手册

第 一 章

"最好的"课程形态是否可能在中国的学校中生长？

最好的课程不是臆想，而是权衡之后的平衡，它不是大杂烩，而是东方与西方、理想与现实、儿童与学科、自我与社会平衡之后的产物。它是课程开发者在冷硬的现实中开辟出的一条可行的道路，沿着这条路，课程既有可能兼顾彼此，包容现有的课程，也有可能给儿童和教师留下想象与重构的空间。世界上可能是最具素养的课程体系——国际预科证书课程（International Baccalaureate Diploma Programme，简称IB课程），世界上可能是最跨界的学习方式——项目化学习，如何在普通的公立学校中合力生长？

第一节 "最好的"课程是怎样的？

"最好的"课程是怎样的？纵览世界课程变革的历史，这个问题的答案总在摇摆之中。

一、钟摆中的"最好的"课程

课程在钟摆之中，
一时摇向奠定基础的扎实的学科课程，
一时摇向充满灵活性和操作性的活动课程，
一时宣称要适应社会，
一时又倡导为了儿童的需求。

在不同的年代，不同的国家，关于"最好的"课程的争论从来就没有停歇，它们不停地在学科、社会、儿童三者之间摇摆。在不同的课程价值观下，"最好的"课程可能是那些能够给学生提供基础知识与技能的课程，也可能是杜威学校中那些与真实世界相关联的工作式的课程，还有可能是要素主义所倡导的为学生设计的体现人类最经典的人文历史传承的课程……

现实中的学校课程是复杂的妥协后的结果：

它为学生理解世界提供知识基础，但又与真实世界有相当大的距离。它提供的知识是"罐装"的，大多数时候无法在真实世界中运用，而真实世界所需要的技能在学校课程中往往又是学不到的。

它培养与锻炼学生的思维，但更让学生去适应它的知识体系和思维方式。它有时候会粗暴地让学生顺从它的思维，而并不那么鼓励学生有自己的想法。

它聚集学生坐在一起共同听讲，但很多时候并不让学生有共同学习的机会。学生们被鼓励相互竞争，将自己的同伴当作前进道路上的对手，而不是伙伴。

而今天，随着全球化、数字时代的来临，工业时代模式下的工作不断消失，课堂内外各种学习机会不断涌现，在课程发展的历史上，似乎从没有哪一个时期像今天这样，学校课程如此矛盾，又如此在矛盾中共同走向中间地带。

一方面，课程的标准化、结构化、自上而下的趋势不断增强。越来越严格的结果导向的质量标准以及与之相连的全球评估与测试，强调学习绩效、学业成就，达到富有挑战性的高学术标准，课程系统的运作更依赖问责机制和评估系统⋯⋯

另一方面，课程的创新性、不确定性、综合性、自下而上的生成性在不断增强。真实的学习情境，融合性的课程主题，没有标准答案的学习任务，通过课程发展独立、自信，具有批判精神、创造性的主动的个体，这样的课程运作更依赖教师的专业能力⋯⋯

中国的学校时时处在这两股洪流中，要成功地、平衡地处理这两类看上去可能完全不一样的课程体系，往往会带来一定的矛盾。如何调和这样的矛盾？就当下的现实情境而言，学校整体课程很难达到完全的优化与平衡，但是，选择部分"先行"课程，走出一条中西融会贯通之路，为这类课程留出充足的时间，带动全体教师参与，引发他们课程观和学习观的变革，却是有可能的。

二、当课程摆向素养培育：作为"最好的"课程的项目化学习

课程是为"培养怎样的人"这个目标服务的，当目标发生变化时，课程也会随之而变。上述的课程摇摆关键都是在培养怎样的人的问题上摇摆。而今天，在世界范围内最核心的教育目标逐渐聚焦到诸如4C这样的目标上来。

- 批判性思维与问题解决（Critical Thinking & Problem Solving）；
- 创造性与主动学习（Creativity & Active Learning）；
- 交流与合作（Communication & Cooperation）；
- 跨文化理解与全球视野（Cross-Culture Understanding & Global Awareness）。

这些目标反映了当下和未来社会对人的期待，以及在真实而复杂的环境中人的思维方式、行动能力与态度价值观。在不同的国家和组织机构中，这些核心方向被统称为素养（competences），或者是21世纪技能。它们不是孤立的知识与技能，而是通过灵活调用知识与技能来解决问题的综合能力。

在这种目标导向下，课程的取向至少要发生三个变化：

- 它要能够让儿童发现自我，不断引发儿童形成自我完善与发展的可能性；
- 它要能够让儿童发现共同体的价值，不断引发儿童建立自己与他人的真实联系；
- 它要能够让儿童发现自己身处的世界，不断引发儿童建立已有经验与新经验间的联系。

各国和国际组织在推动素养指向的课程改革的过程中，呈现出一些相似的趋势，包括：

- 将21世纪技能融入学校各学段的学科课程中；
- 基于真实生活情境的跨学科主题，与学科课程内容一起共同支撑21世纪技能的形成；
- 开发相应的课程资源，推进面向21世纪技能的教育（刘晟 等，2016）；
- 学与教的变革，尤其采用以学生为中心、项目化学习等方式推动学与教的变革（Arjomand et al.，2013）。

这些趋势都指向了要在现有的课程体系中容纳一种跨学科的、与真实世界有关的、项目制的课程——跨学科的项目化学习。这种类型的学习将跨学科的、跨领域的教学，团队合作学习，个性化的学习路径，探究性的学习方式等整合在一起（Gordon et al.，2009）。

欧洲政策联盟（KeyCoNet）作为欧洲一个实施、践行核心素养的重要组织，将项目化学习作为实现素养的重要的课程和教学方法。他们认为，进行项目化学习是全校所有教师的责任，因为学生要在项目化学习中形成核心素养，掌握思维工具，以适应复杂的情境，成为终身学习者。

三、跨学科项目化学习的样态与核心特征

项目化学习包含了多种课程样态：从最广为人知的基于问题的学习、探究学习、STEM到最新的基于现象的教学，从最具有系统性和跨学科项目化学习特征的IB课程到主题式活动、研究性学习，我们都可以看到项目化学习的影子。

不管形态如何变化，它们基本上都是基于情境学习（situated learning）的理论假设，即认为学生在解决真实世界的问题中学得最好。但是，它们在项目化的程度上是有差异的。真正意义上的跨学科项目化学习不是一种点缀，也不仅是学科拼盘，或者学科实践活动，它是学生通过真实而有意义的问题探讨，用类似于真实的成年专家（如科学家、作家、历史学家）解决问题的方式，像认知学徒一样参与到学习的过程中。

根据达林–哈蒙德（2010）和克拉斯克等人（2010）的界定，项目化学习主要包含如下要素。

- 真实的驱动性问题。驱动性问题包含有价值的内容，以真实世界中的情境作为锚点，让整个项目活动连贯、一致。
- 学生在真实情境中对这个驱动性问题展开探究。类似学科专家的研究过程，学生在探究过程中学习和应用学科思想。在这一过程中，尤其重要的是如何采集证据、使用证据，做客观的描述，利用证据进行推论和解释。
- 学生经常用项目化小组的方式学习。教师要发展学生的合作能力，进行倾听、论争，利用证据进行集体的交流与论争。
- 学生运用各种工具和资源促进问题解决。
- 学生最终产生可以公开发表的成果。产品是知识建构的外在表现，学生在创造产品中重构他们的理解。真实学习发生的过程是非线性的，学生理解力的发展状况需要通过产品表现出来。通过这些产品，教师可以评估学生提出问题的能力、设计能力、收集和处理信息的能力等。学生的产品使得他们的个人理解、思维可视化。

梅耶（Mayer，2016）更具体地列出了项目化学习的特征：

- 需要教师指导和团队合作；
- 对教师和学生而言，都包含许多"需要知道的"；
- 是复杂的，需要一个团队的专业设计和实施；
- 教师通常在设计前有诸多工作要做；
- 学生在项目中根据事先的指导手册进行最充分的选择，教师经常会惊讶于学生的选择；
- 基于驱动性问题；
- 基于明确界定的量规，这些量规是特别为这个项目而制定的；
- 开放的，学生在结果和研究路径上有选择权；
- 与学生的未来生活相关；
- 可以为真实世界中的真实问题提供解决方案；
- 与真实世界中的真实生活看起来很相似；
- 包含真实的场景；
- 有意识地运用技术、工具和真实生活的实践，学生根据目标来选择工具。

总的来说，项目化学习翻转了布卢姆的目标分类学，用高阶的学习包裹低阶的学习，不是自低到高逐步学习具体的内容，而是翻转这一过程，从创造性认知要求的顶端开始，让学生在驱动性问题所产生的强大内动力中去创造一个真实的产品（Perkins，2016）。在与产品的互动过程中，在与各种材料和文本的互动中，学生理解更深层次的内容，主动识记、理解为了完成这一产品所需要的知识，提升能力与品质。

第二节 跨学科的项目化学习形态1：IB课程

项目化学习有各种形态。本章我们分析两种形态不一的跨学科的项目化学习，其中之一是具有系统的课程形态的项目化学习，IB课程。整个IB课程分为四个学段，限于篇幅，本节在具体的课程内容部分以面向3—12岁儿童的PYP课程为例来进行探讨。

一、IB课程的十大学习者形象

IB课程专注于学生在学术、社交和情感方面的健康发展，鼓励学生独立自主学习，为自己的学习负责，支持学生为理解世界及改善社会生活所做的努力，帮助学生树立自我价值观，并在此基础上形成世界公民意识。从这一描述上看，很显然，IB课程的指向与我们这个时代所倡导的课程取向是非常吻合的。IB课程的十大学习者形象清晰地勾勒出这一课程总的目标导向（见表1–1）。

表1–1　IB课程的十大学习者形象

积极探究	我们培养自己的好奇心，逐步掌握开展探究和研究的技能。我们知道如何独自或与他人一起开展学习。我们对学习充满热情，并终身保持对学习的热爱。
知识渊博	我们发展并利用对概念的理解，跨越一系列学科探索知识。我们对各种具有当地和全球重要性的问题和思想观点进行探讨。
勤于思考	我们运用批判性和创造性思维技能，对复杂的问题进行分析并采取负责任的行动。我们积极主动地做出理由充分、合乎伦理的决定。
善于交流	我们使用一种以上的语言，以多种方式充满信心和富有创意地进行自我表达。我们有效地开展协作，注意倾听他人以及其他群体的观点。

续表

坚持原则	我们处事正直、诚实，有强烈的公平和正义感，尊重世界各地人民的尊严和权利。我们对自己的行动及其后果承担责任。
胸襟开阔	我们以批判的态度欣赏我们自己的文化和个人的历史，以及他人的价值观和传统。我们寻求和评价一系列广泛的观点，并愿意通过体验来丰富自己。
懂得关爱	我们表现出同理心、同情心和尊重。我们努力开展服务，通过我们的行动使他人的生活和我们周围的世界发生积极的变化。
勇于尝试	我们深谋远虑和坚决果断地应对变化不定的事物；我们独立或通过合作探索新的思想观点和新颖的策略。面对挑战和变化，我们表现得足智多谋和灵活机敏。
全面发展	我们理解在生活中做到智力、身体和情感均衡发展的重要性，这样才能使我们自己和他人幸福康乐。我们认识到自己与他人以及我们所处世界的相互依存关系。
及时反思	我们对世界和自己的思想观点、经验做出深刻缜密的思考。为了支持我们的学习和个人发展，我们努力了解自己的长处和弱点。

在2013年版的IB课程学习者目标描述中，所有的举措用"我们"取代了"他们"，这体现了国际文凭组织的社会-建构主义的教育理念。从某种意义上说，他们拓展了我们当下的"素养"概念，将其从对学生的描述指向了共同体或者说学习社区，"他们"指称的是学生，而"我们"则突出了学习社区的重要性，包括学生、家长、学校教职员和其他人。

二、IB课程的六大课程主题

总体而言，IB课程以"我们是谁"等六个超学科主题作为显性的课程框架，而在这六个主题背后，又隐含了四条非常重要的逻辑线：重要概念（Concepts）的理解，知识（Knowledge）和技能（Skills），积极的态度（Attitudes），负责的行动（Action）。正是这四条课程线索交织在一起，构建出完整的IB课程体系。

IB课程的主题是超学科的。这些主题超越了传统学科的界限，指向人类、世界与宇宙的普世性、根本性重要议题，期望学生建立各个学科之间的联系，发现将各个学科整合起来的方法，实现学以致用、知行合一，并期待学生形成对人类、世界与宇宙的关怀。PYP课程的六大超学科主题及其内容见表1-2（国际文凭组织，2010）[78]。

表1-2 PYP课程的六大超学科主题

PYP课程的超学科主题	超学科主题内涵
我们是谁 （who we are）	对自我本质的探究；对信仰与价值观的探究；对身体、心智、社交和精神健康的探究；对各种人际关系，包括家庭、朋友、社区和文化的探究；对权利与责任的探究；对作为人的意义的探究。
我们身处什么时空 （where we are in place and time）	探究我们在时空中的方位；个人的历史；家庭和旅程；人类的各种发现、探索与迁徙；从本地与全球的视角考察个人与文明之间千丝万缕的联系。
我们如何表达自己 （how we express ourselves）	探究人们表达观点、情感、文化、信仰与价值观的方式；我们反思、提升、享受我们创造力的方式；我们的审美鉴赏。
世界如何运转 （how the world works）	探究自然界以及自然规律；自然界与人类社会的互动；人类如何利用他们对科学原理的理解；科技进步对社会与环境的影响。
我们如何组织自己 （how we organize ourselves）	探究人类创造的制度与社区之间的相互联系；各种组织的结构与功能；社会决策机制；经济活动及其对人类与环境的影响。
共享地球 （sharing the planet）	探究努力与他人及其他生物分享有限资源时的权利与责任；群体以及他们内部之间的关系；机会均等；和平与冲突的解决。

IB课程的理念是将具有全球性意义的根本性问题组织起来，可以统整各个学科领域的知识，使学生在一个连贯的、相联系的、有意义的情境中习得学科的知识与技能，最终可以将教育世界与生活世界统整起来。

在PYP课程中，学生在探究单元下对这些超学科主题进行学习。学校的探究计划由各个探究单元组成，每个学年/年级的探究计划由6个探究单元

（3—5岁例外，他们只要学4个单元）构成。科学和社会学的所有学习内容在探究单元下进行，其他学科如语言、数学、艺术、个人教育、社交教育和体育，除了能融入探究单元进行学习的部分外，其余部分以单科教学的方式进行学习，但要确保每个探究单元聚焦2—3个学科领域的学习。（国际文凭组织，2011）

超学科并不意味着不要学科。IB课程也有相应的语言、人文、自然科学、数学、艺术等课程大纲，这些课程大纲规定了不同年级的学生在各个学科领域应该知道什么和能够做什么。IB课程文件指出：探究单元不一定是学校课程的全部内容……每个学科都有自己的完整性与实质性的内容。当学科教学可以加强PYP课程的超学科学习时，我们提倡学校这样做。（国际文凭组织，2017）

三、IB课程的四条隐性课程线索

如上文所言，IB课程中最显性的课程线索是六大超学科主题，它们规定了学生所要探究的具有全球性意义的根本性问题，这些问题将相关学科尽可能统整在这些主题中。但是IB课程结构的系统性还在于它具有四条隐性课程线索支撑的课程架构：概念、技能、态度和行动。（见图1-1）

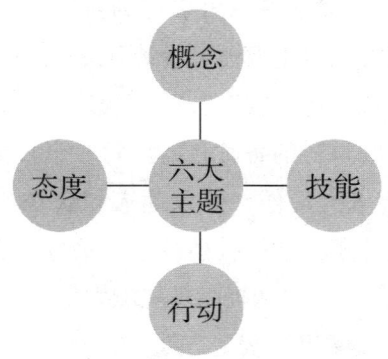

图1-1　IB课程的四条隐性课程线索

IB课程的第一条隐性课程线索是概念。IB课程中渗透了八大概念：形式、功能、原因、变化、联系、观点、责任、反思。这些重要概念也称为关键性问题，为教师和学生提供了思考世界的概念透镜，启迪学生开展更广泛、更深入的探究。最有价值的是，IB课程不仅对每一个概念予以界定，而且对每一个概念在不同学科中具有的独特内涵予以了澄清。以"形式"为例：

■ 形式

相关问题：它是什么样子的？

一般定义：理解每个事物都有自己存在的形式，都有可观察、可识别、可描述及可分类的特点。

语言视角：每种语言都有独一无二的形式。

数学视角：对模式和其他信息的认知、分类和描述。

科学与技术视角：大多数事物都有其特定的形式或形状，它有外在的或可见的表现及内部结构。

社会科学视角：事件、任务和地点具有可识别的特征，我们从而能在时间、空间和社会层次上将它们区分开来。

IB课程的理念是，这八大概念具有超越事实的持久价值和迁移价值，可以统摄具体的学科概念。从这个意义上说，八大概念及其相应的问题给某一单元定型，赋予它方向和目的，真正驱动了IB课程。

IB课程的第二条隐性课程线索可以称为技能。技能是指基于单学科和超学科的学习逐渐形成的应对千变万化、充满挑战的世界的各种能力。IB课程中的技能与素养很类似，包含社交技能、沟通技能、思考技能、研究技能及自我管理技能等，是跨学科的各种技能。每一个技能都包含一系列的子技能，如社交技能就包含承担责任、尊重他人、合作、化解矛盾、集体做决定、在小组中担任角色等子技能。技能的学习最好是在真实的情境中进行，学生习得并应用各种技能与获得和提高理解能力是相辅相成的。

IB课程的第三条隐性课程线索是态度。态度指不同性格的学生表现出的基本价值观以及对学习、环境和人的认识。态度指向个人的身心健康和集体的利益。态度有12个方面：欣赏、使命感、信心、合作、创造力、好奇心、移情、热情、独立性、正直、尊重、宽容。

IB课程的第四条隐性课程线索是行动。行动指踏实深入的学习表现，负责任地将以上各项要素付诸实践。在IB课程理念中，教育必须扩展到智育之外，不仅包括培养对社会负责任的态度，还包括当学生进行了探究后所引发的负责任的行动。学生通过选择和决定自己或者小组要采取的行动，对这些行动进行反思，以此来改变自己，改变世界。

显性的六大主题和隐性的四条课程线索构成了IB课程的核心逻辑。以这六大主题贯穿学科教学，可以使重要概念得以理解，基本技能和知识得以掌握，使学生对事物的发展具有积极态度并付诸实际行动，从而满足学生的好奇心理，不断描绘十大学习者形象在每一个学生身上的具体体现。

四、以探究为核心的学习方式

探究是IB课程的主要学习和教学方式，学生通过探究达到核心课程目标。IB课程文件中写道："我们相信探究是学生学习的最好方法。在探究中，学生形成自己的问题，设计自己的探究，评估各种可以用来支持自己探究的方法，接下来开展有助于找到问题答案的研究、实验、观察和分析。"（国际文凭组织，2010）[29]

IB课程的核心理论基础是建构主义学习观。建构主义学习观认为，学习是学习者在已有知识、经验的基础上主动建构信息的意义的过程。学生学习时应基于自己与世界相互作用的独特经验去建构自己的知识并赋予经验以意义。教师应该重视学生的已有经验，并把此作为新知识的生长点，引导学生从已有的知识经验中通过主动探究与发现"生长"出新的知识经验。

以PYP课程二年级的探究单元"Build it"为例，这一探究单元围绕"建筑材料的性能影响房屋及建筑物的设计"的中心思想，进行了为期6周的探究。教师围绕一些关键性问题激发学生的兴趣，引领学生进行探究式的学习。这些问题包括：建筑物是由什么材料建成的，为什么？它们是什么形状的，为什么？建筑材料有什么性能？建筑材料是如何随着时间的推移而变化的？在学习之初，学生收集有关建筑物的各种图片，带到学校与同学分享。由此，教师可以了解学生关于建筑物的已有知识和经验。学生在体育运动、戏剧、科学等融合性的学科领域中从不同的角度理解材料性能对结构的影响。

这样探究性的学习过程与我们通常认为的"玩玩闹闹"或"填表式的学习"不一样，它对学生的思维、社会性技能等挑战是很高的。学生需要形成对大概念如结构的深度理解，锻炼研究技能、思考技能，在设计建筑物时，需要对每一个挑战或困难提出解决方案，不断思考并调整设计方案；学生还需要知识渊博，对建筑物有一定的理解，具备一定的历史意识，了解特定材料的发展情况。为此，单元教学中需要结合外出参观、听演讲、阅读等各种活动，使学生了解设计建筑物需要考虑的因素，如地理条件、材料的适宜性等。

学生需要及时反思。整个单元的学习过程要求学生不断收集数据，在观看纪录片、参观建筑博物馆、听演讲者介绍时做笔记，记录数据资料并在记录过程中不断反思。

学生需要发展沟通与团队合作的技能，需要听、说、读、写等综合能力：聆听演讲嘉宾的发言和同伴的想法；说出自己对材料和建筑物已有的认识，说出新学的有关建筑物和材料的词汇，说出自己的设计思路；与小组同学一起阅读有关建筑物的资料；写实验简介，在学习日志中描写自己熟悉的建筑物，在总结性评估中写出自己的研究过程。几乎所有的活动都是以小组的方式展开的，如要以小组为单位，用棍、细麻线和石块搭建一座20厘米长的桥等。

在PYP课程的课堂设计中，学生的探究学习过程是设计学与教活动的主要参照，课堂受学生的问题驱动，不存在固定的教材和流程，需要教师根据学生的问题与生成进行创造性的设计，善于运用多种教学资源。学生的主动活动不是静听，回答"正确答案"，而是完成"动手做"活动，收集资料，分享想法，主动探究，发现知识。探究的学习过程是无限循环的，一个问题的结束开启新的理解和新的问题，学生用新理解和新问题继续他们的探究，这是一个终身学习的过程。

五、质性的纵向评估设计

PYP课程的学生评估虽然也有量化方法，但更多的是质性的评价手段，如日常观察、自由交谈、学生档案袋、学生日志等，强调用质性的评价手段记录学生学习的过程和成长的轨迹，描述学生学习的强项与不足，促进师生对学习与探究单元的反思。主要的质性评估方法包括：

- 收集有代表性的学生作业样例或表现；
- 收集能够体现学生理解与思维的证据；
- 记录小组与个人的学习过程；
- 鼓励学生反思自己的学习；
- 学生评估自己完成的作业；
- 制定清晰的评估细则表；
- 确定可作为案例的学生作业；
- 保存测验与作业的成绩记录。

质性评估要求在真实的学与教情境中收集学生的数据，旨在促进教师反思与调整自己的教学设计，更好地激励学生产生内部的学习动机，帮助学生有效调控自己的学习过程，增强自信心，形成合作精神。在上文的"Build it"单元结束时，总结性评估就要求学生搭建一个自主站立、能承重的建筑物，并解释它为什么可以保持站立并能承受重量。每一个学生要在学习日志中把自己对建筑物的研究过程记录下来，这就清晰地展示了他们的思考过程。

即使在期末评价中，教师设计评估的目的也是让学生充分展示学以致用、个性化表达的能力，学生根据自己的兴趣特长自由选择报告、作文、小报、绘画等方式。教师采用档案袋的方式，收集学生的学习作品，用以展示学生的学习优势与不足，以便及时调整教学。学生档案包括学生作品范例、学生学习的进展过程、课外活动的信息以及在其他活动中所取得的成绩、学生自我评价和反思等。这样多元化而不仅仅是纸笔测试的评价体系，能更合理、全面地考查诸如概念、技能、态度等方面的进展状况。

在最后一年，学生要完成学习成果展。在学习成果展单元中，学生要在学校确定的某一个超学科主题下，在导师的指导下，以小组协作学习的形式自主开展整个探究单元的学习。学生选择感兴趣的实际生活中的问题，在指定的或自拟的中心思想下，进行为期7—8周的超学科调查研究，提出解决方案，最终以成果展的形式向整个学校或社区分享自己的学习收获。作为具有结业性质的学习成果展，学生有机会展示他们在整个项目化学习过程中发展的各项品质。如：积极探究——学生通过不同渠道对选定的问题开展探究，包括开展问卷调查、查阅书籍报刊、进行访谈、外出考察，等等。善于交流——学生在小组协作中，有时需要用教学语言或母语以外的语言，和同组同学有效沟通；在进行访谈和外出考察时，也要根据需要，运用适宜的语言与人交谈；在展示自己的学习收获时，还会用到多样化的表达方式，包括文字、图画、图表、照片、音乐、舞蹈等不同形式。懂得关爱——学生对某个现实问题的关注就体现了他们的同理心和同情心。他们努力探究，找到解决问题的方案，就是用自己的行动使他人的生活和周围的世界发生积极的变化。

国际文凭组织不要求实施PYP课程的学校举行外部考试，也不对学习成果展的校内评估做正式监督，但要求学校用2004年版《小学项目学习成果展指导纲要》中的"学习成果展反思工具表"（国际文凭组织，2010）[52-53]来指导对学习成果展的评估。评估需要反映学生对PYP课程五大要素（知识、概念、技能、态度和行动）的掌握情况。评估必须持续不断地进行，要既包括形成性评估，又包括总结性评估；既有教师评价，又有学生自评。

学生需要在整个单元的学习过程中，不断收集展示自己各项技能的证据，每周填写技能自我评估表，在五大要素下，写出自己是如何具体展示相关技能的。由于在学习成果展中，学生主要以小组协作的形式开展探究，所以小组合作的技能至关重要。教师可以开发协作学习的技能评估细则表，对学生进行形成性评估，定期给予反馈。评估涉及的栏目包括对小组的贡献、时间管理、问题解决、态度、专注度、小组的有效性、与他人合作等。

另外，由于研究技能在整个单元中至关重要，教师还可以设计连续发展阶段表，持续对学生进行评估。内容包含形成问题，制订计划，收集、记录和整理数据资料，解读和展示资料等。

最后，在单元结束时的总结性评估中，教师可以用评估细则表对学生运用技能的情况做评价，若学生能从书面文字、视觉展示以及博客反思中，体现对所有超学科技能的运用，就能在这一项的评估中得到最高的评分。（夏雪梅 等，2015）

第三节　跨学科的项目化学习形态2：现象教学

作为教育公平、优质的典范，芬兰的基础教育一直备受世界瞩目。芬兰的教育特点在于对人的关怀、信任、尊重。"芬兰的教育体制真心把每个别人家的孩子都珍视为自己的宝贝，去拉拔抚育、用心灌溉，给予时间、空间，找到人性中善良的一面，协助鼓励养成学习动力，从不刻意强调精英、先进、竞争、比较，从不要求学生和老师具备超人能耐，从不奖励全勤与整齐划一，而将人人视为有着喜怒哀乐的平凡人性，然后从人性的根本上，去寻思如何陪着他们健康、正常地走完成长中的教育。如此而已。"（陈之华，2009）尽管有来自各界的极高评价，芬兰也一直在寻求在新的时代背景下的更好的教育方案。2016年，芬兰新课改提出了改革的目标：

第一，让学生变成积极主动的学习者；
第二，为学生可持续发展的生活方式奠基；
第三，采用学科融合式教学；
第四，把学校变成一个学习型社区；
第五，为学生提供综合性的教育。

这五个目标都是从学生学习的角度，激发学生终身学习的兴趣，在基础教育阶段为学生进行持久的奠基。为此，需要打通学科间的界限，采用融合式的课程，现象教学（phenomena teaching）或者说基于现象的教学（phenomenon-based learning）就是这类教学中最重要的一种。现象教学不仅对芬兰，而且对美国的科学教育也产生了影响，它对科学本质的理解和对科学概念、实践的强调与美国《下一代科学课程标准》（*The Next Generation Science Standards*，简称NGSS）是相通的。

一、芬兰的现象教学概览

芬兰的现象教学并不是凭空而来的新产物，芬兰有着非常强的跨学科传统，一直以来，芬兰的基础教育都强调两个概念：跨学科和国际化。芬兰的环境与自然课涵盖了生物、物理、化学、健康教育等多个学科。在芬兰小学的地理、历史教育中，不仅有对芬兰的认识，还会扩及对整个欧洲与世界的地理和历史的认识，学生需要认识和欣赏东西方不同的历史、多元地理和跨文化的环境，保持开放的心胸，成为积极的世界公民，推动人类与环境的永续生存。

在这样的教育传统下，现象教学很容易被教师接受。从20世纪80年代开始，芬兰的一些教师会在传统学科教学之外，围绕学生感兴趣的话题开展教学。全科教师为开展基于现象的教学奠定了基础，教师们可以充分合作，甚至某一个教师就可以独立完成跨学科教学任务。

现象教学的第一个特征就是跨学科，事先确定主题，围绕主题将相近的学科知识重新编排，形成融合式、主题式的课程模块。在同一模块中，经济、历史、地理等各学科的知识都融合其中，实现跨学科教学。现象教学的主题很宽泛，如"欧盟""社区和环境变化""芬兰100年独立发展史"等，所包含的知识类型也非常多样化。以"欧盟"这一主题所编排的课程模块为例，涉及地理、历史、社会文化、语言、政治和经济制度等跨学科知识。

现象教学的第二个特征是指向真实的任务。现象教学更加注重跨学科知识的综合运用，而且任务目标的选择更多地来自学生日常所能接触到的现象，如设计欧洲旅行方案，这样的项目任务更加生活化和情境化，有助于学生体认和理解。如皮尔卡拉地区某小学五年级的两位全科教师所设计的"欧洲地理"课程模块（教育那些事儿，2016）：

教师们自主设计和编制了共包含17个课时的课程模块，每周2个课时，前后历时约2个月完成整个课程模块教学。整个课程模块教学以一定的项目任务为主线，教师将学生分为不同的小组，给每个小组一定的虚拟货币，让学生设计一个包括交通、食宿、考察所到国家的地理风貌及人文社会景观的欧洲旅行方案。方案的设计需要小组合作与交流，学生要使用平板电脑和网络，搜索不同国家在地图上的位置和实际距离、交通工具的价格、目的地的食宿情况与价格、不同国家的地理风貌和人文社会景观等各种信息。最终的方案要保证总的计划费用不超过教师给定的虚拟货币总额，时间和行程安排合理、恰当、有趣。整个课程模块涉及地理、历史、生物、数学等不同学科的知识。

依照芬兰国家课程的规定，现象教学的具体开展一般是从小学到初中的每个年级，在保留传统学科教学的基础上，在学年中专门安排一个或多个学习阶段，每个学习阶段一般为几周，在特定的学习阶段内集中开展学科融合式的现象教学。至于在每学年中具体安排几个这样的学习阶段，由各地各学校自主决定。

总体而言，现象教学并不是一种特定的教学方法，而是一种把握大图景的路径，它整合了多种学习的方法，比如持续性的探究、基于问题的学习、合作性的学习、回应性的教学、动手做的实践等，发展更为广阔的思考、表现技能，而不是要求学生简单地识记事实和公式。

二、现象教学的五大分析维度

从上述描述来看，现象教学似乎与一般的主题活动没有什么区别，事实并非如此。现象教学的核心就在于对"现象"的理解：现象是从真实世界中产生的，现象是即时的、真实的，代表与真实世界相关的内容。怎么判断这是不是一个好的现象呢？有一个简单的判断标准，这一个现象带给学生的不仅仅是一种"Wow！"的体验，更是一种"Ah？"的体验，"Ah？"能带动学生的思维，包含了问题的因素与好奇心驱动下的行动可能。

有研究者从下面五个维度进一步对现象教学进行分析，从中我们可以看到，现象教学与一般的主题活动是有差异的。高水平的现象教学与跨学科的项目化学习是有相同之处的，它们都强调真实性、问题解决与社会性合作等方面。

1. 整体性（holisticity）：从传统的课程整合观走向真实世界中的现象。在基于现象的教学中，学习的起点不是传统学校科目的融合，而是真实世界中的当下的和现实的事件。现象作为一个整体的实体，在真实的情境脉络中，与现象相关联的信息和技术跨越了学科的界限。

2. 真实性（authenticity）：学习者像真正的专业人员一样运用真实的资源、材料、工具和方法开展学习。学习者的认知是真实的，如学习者在学习情境中的思考方式与人们在真实世界情境中运用这种知识时的思考方式几乎是一致的。学习是在真实的环境而不是传统的教室中发生，在学习情境中运用真实世界中同样会用到的知识、方法、工具和材料。学习者所产生的学习结果是和真实世界相关的，而且他们解决的问题是当今世界中的关键议题。学习者所产生的成果将会在更大范围的读者群中分享，而不仅仅是限于校内。

3. 情境性（contextuality）：学习者在自然情境中进行学习。学习者容忍模糊与不确定。他们从不同的视角对现象进行结构化，在自然情境中学习，通过观察更广大的情境理解意义。现象作为一个系统的实体被理解和处理。

4. 基于问题的探究学习（problem based inquiry learning）：学习从提出问题开始，比如为什么飞机可以在空中飞翔和停留？基于现象的教学是基于问题的学习，学习者共同建构那些他们真正感兴趣的问题的答案。这些问题是由学习者共同提出来的。

5. 学习过程（learning process）：学习被看作一个过程，是由学习任务引导并激发的过程，学习任务引导学习者的感受和信息处理，目标是激励学习者获得方法上的指导。学习者创建他们自己的学习任务和学习工具。他们知道学习的方法和整个的学习过程，会计划个体的学习过程和合作性的学习过程。真正的科学家会和他人进行广泛的合作，他们需要和专业领域内的同行一起探讨、交流，甚至进行激烈的论争，他们需要共享实验的流程、结果。这也是学生在基于现象的教学中所要进行的团队合作。

在上述每一个维度上，现象教学都可以被分为四级水平。限于篇幅，我们只呈现"整体性"这个维度上的四级水平。

一级水平：尽管研究和处理的是现象，但分析或研究还是从传统的学校的角度出发，比如各学科的通用性主题，如一个主题日。基于现象的教学只是一个调料，而不是系统的实践。

二级水平：一个现象整合了不同学科的内容和目标，但是它们不是无缝的。这一现象是可以在不同的学科中进行学习的，或者是整合了不同的学科。传统的学科维度还是可见的,这是传统意义上的课程统整。

三级水平:在现象中无缝整合了不同学科的目标和内容。现象不是通过不同的学科知识来学习的,而是采用类似项目的方式进行的,并且是长程的学习过程。现象是从课程目标中来的,是与实际的议题和现象关联的。教师间的合作教学是其中的工作方式之一。

四级水平:学习目标源自现象,是多学科的。在基于现象的教学中,学习的起点不是传统学校科目的融合,而是真实世界中当下的和现实的事件。基于现象的教学是系统的、综合性的。教师团队教学是主要的实施方式。

(Silander, 2015)

现象教学的水平分析可以让我们进一步澄清,并不是所有的主题、活动都可以被称为现象教学。现象教学基于儿童的好奇心和创造性,提供了一种对真实世界的现象的整体观照,打破了课程的界限。我们需要为儿童提供与现象进行互动和实践的充分时间,然后逐步进入到对概念和原理的理解。在现象教学中,学生像真正的研究者、实践者、科学家一样工作。当科学家探索一种新现象的时候,他们并不是一开始就对现象进行解释,而是需要在探索过程中不断地将它们弄明白,这就是学生在基于现象的教学中所要做的事情。

但是,即使在芬兰,教师们实施真正意义上的高水平的现象教学也不是一件容易的事情,更不用说在其他国家了。从芬兰的教育体制和政策来看,相比较于大多数国家,更容易也更适合出现现象教学这种跨学科学习的形态。最近这些年来,诸如PISA等国际评估和《不让一个孩子掉队法》(No Child Left Behind Act)等教育政策更强调问责和通过测试来进行结果的管控,而这种对学习结果的追求正不断地在各个年段展开,强调早期教育的社会效益、运用公司式的绩效管理。这就导致教育目标的不断细化和考核聚焦在少数关键学科的学业表现上。而芬兰的改革路径则有自己的特点。芬兰是通过拥有共同梦想的方式,让学习成为所有人的共同梦想,营造起关于"什么是好的教育系统、好的学校、好的教学"的激励人心的共识,而芬兰教育传统中教师的高度专业化和专业自主权,芬兰一直以来倡导的广域的富有创造性的学习,则为这种跨学科的学习奠定了基础。

第四节　中国学校课程深度变革的现实之路

那么，在这样的教育政策制度的巨大差异下，跨学科的项目化学习作为一种理想的课程形态，是否有可能在中国的公立学校中存在呢？中国学校课程的深度变革是否又有可能实现呢？

一、学校的课程结构与形态需要丰富性

一直以来，我们学校的课程形态是以分科制为主的，学生从进入小学开始即接触分门别类的各科知识。在学业成就导向下，分科制的优势很明显，它可以使学生的学科学习更为精准、有效；而它的劣势也是非常明显的，不管是从对儿童大脑学习基础的研究出发，还是从教育所处的复杂而不确定的环境出发，综合性的、跨学科的思考和问题解决都应该成为必要的学习经验。

与传统的学科教学不同，项目化学习是一种深度的探究活动，它旨在促进儿童执行能力的发展，促进儿童全身心的、合作性的问题解决，以及创造性与批判性思维的发展，为学生成为积极、主动、灵活的学习者奠定基础。这样的项目化学习是连接儿童学习的当下与需要终身学习者的不确定的未来的基础。

仔细翻检当下的课程，会发现大量的课程是以事实性的知识和技能训练为主，课程所提供的学习内容不可避免地和记忆有关，但是如果仅仅和记忆有关，也是一件很可怕的事情。在依赖记忆的课程中，学生所学到的并不是与真实世界直接相关的知识，而更多的是一种知识上的训练，这种训练并不指向"有用""有意义"，而是指向"区分不同的水平"，课程的目的是要区别出不同类型的学生。依赖记忆的课程为了强化记忆的效果，在实施的时候往往是以教师控制、传递的方式进行，学生没有机会生成、解决自己的问

题,分享其他同学的观点,反思、实践自己的想法。

众所周知,这个世界有很多东西仅靠记忆是不能产生的。课程不能总面向过去,课程需要面向未来。课程是学生不断运用已知的东西去创造未知的世界的过程,这种创造不是成年人的专利,不是到学生步入社会以后才开始,而是在学校中就开始了,大脑只有体验到这种创造的快乐才能不断地寻找真正快乐的源泉。

依赖记忆的课程会更强调个人的努力,而失去对社会责任感、全球跨文化、地球的生命等更宏大主题的思考与把握。在这种课程导向下,学生不是生活在真实的世界中,而是生活在由学科、分数所营造出来的虚假的社会中,缺少对万物自然、社会的更深层次的体察和同理心,所以无法提出有价值的主题来整合不同学科领域的知识,无法和同学一起进行真实而能实际改变生活世界的可能性探索。跨学科的项目化学习形态在当前我们整个课程体系中是极少的,它与我们当下传统课程最不一样的地方就在于,它的主体指向不依赖于记忆,而在于创造,创造新意义,创造新知,通过揭示自然和社会中的现象、问题带给学生惊奇的感受,使学生开启探索性的理解之路。这样的课程无法用记忆来框定,更无法获得可以迅速记忆的知识,它需要学生和教师进行体验、互动与生成,而正是在这种与不确定的惊奇的对话过程中,学生获得了最深刻的记忆。

从这个意义上说,学校的课程结构和形态应该容纳多种类型的课程,以给学生更为丰富的课程体验。

二、学校课程的丰富性不在于课程的特色化和数量化

那么,这种丰富性应该如何产生呢?大多数学校将丰富性理解为课程数量的多样和特色课程的多样化,而忽视了其实质在于学生学习经验的多样化、思维的多样化和课程类型的多样化。

当下,几乎所有的学校都在进行课程的变革,大多数学校在用部分课程的特色化彰显自己的学校特色,但往往这些课程只是点缀,难以对其他课程

产生影响，更难产生整个学校课程的结构性变革，这是因为：

第一，这些课程往往只有极少数的教师和少部分的学生参与其中，师生的惠及面很少。

第二，教师自己并没有在这样的课程中产生真正的学习，他们的专业生活方式及对课程的理解并没有因为这些课程而产生变化。传统的学科课程之所以让教师失去幸福感，一部分原因在于教师已经无法在其中产生学习的动力，过于熟悉的内容和程序扼杀了教师的创造力和想象力，教师无法在课程的内容中产生自己的收获感，所有这些知识对他们来说都是重复上百遍甚至上千遍的陈旧的知识，这种在知识上的耗竭感消耗了教师的课程热情。

第三，在这些课程中学生往往产生比在学科课程中肤浅的学习。在这些甜点式的课程中，学生学得没有负担和压力，玩得很热闹很开心，但是在大多数课程中学生思维的实际投入度是不高的。学校很容易地开出一些"有趣"的课程，但是，当我们要求学生在课程学习过程中走向社会，自己提出问题、收集信息、甄别筛选信息、分析处理信息，学校可归纳总结的课程就比较少了，而在非常规问题的解决过程中获得大观念、大方法的课程则更加稀少了。

有鉴于此，课程深度变革的核心问题就在于，如何让学校全体教师和全体学生都参与到课程变革中来，让师生真实学习的发生和课程变革成为一体化的过程。

三、学校课程的丰富性依赖全体师生真实学习的发生

学校课程的丰富性在于全体师生真实学习的发生，这里面有几层意思。

第一，从起点来看，并不意味着所有的课程都要发生翻天覆地的变化，这事实上是不可能的。本文后续所讲的"4+1"课程模式在一定程度上是妥协的结果，既保留分科课程的体系和严谨，又带有跨学科课程的综合与生成性。

第二，学校的课程确实需要结构性的变革，这种结构性的变革为新的学习形态创造时空的条件，让所有教师和学生都有进行课程变革的可能性。但是，这种结构性的变革在当下一定是局部的，中国的公立学校很难像美国的

HTH学校（High Tech High School）一样，整个学校全部采用项目化学习的课程形态，这不仅是学校个体的选择，也是与整个教育制度和文化有关的。本文后续所讲的"4+1"课程模式就是从结构上对原来5天学科课程中零星镶嵌的综合课程进行系统的跨学科的项目化设计，以此为所有教师和学生参与到这种课程形态中来创造机会。

第三，课程的变革和学习的变革应该保持共振。课程是学生学习的经验，是学生和教师共同创生的过程，而非事先设计好的方案。课程需要综合"事先的设计"和"教室中的生成"。教师事先做好项目化学习的整体课程框架设计，包括严谨的目标结构和内容框架，而在现场，教师和学生不断创生出更多样的可能性，形成不同教室中不同的学习经验，这样，课程的独立性、个性、丰富性就变成了学习的独立性、个性、丰富性。

第四，项目化学习的核心要素与国家课程的校本化的最终指向应是一致的。我们将项目化学习分成两类，一类称为"学科的项目化学习"，是将项目化学习元素融入学科教学，将低阶的知识和能力包裹入高阶学习，致力于传统的学术性课程如语文、数学学与教方式的多样化，在日常的学科学习中渗透元认知、批判性思维、沟通与合作等重要的能力（夏雪梅，2018）。另一类称为"跨学科的项目化学习"，涉及课程结构和学习方式的大转变，是运用项目化学习的要素对拓展型课程和探究型课程的再造。本书所讲的"4+1"课程就是这种类型。

项目化学习将知识、技能、态度整合性地包裹在挑战性的情境中，促进学生将它们迁移到新情境，最终迁移到真实世界中。这是教育一直以来追求的长期目标。这样的目标同样也是国家课程最终指向的目标，两者并不矛盾。

事实上，我们需要深刻地认识到，跨学科的项目化学习与学科学习的区别更多的是课程组织方式上的不同。前者是以真实情境中的关键性问题为组织核心，将各种相关事实、经验、材料组织起来，知识内隐其中；后者是以学科知识为核心，将相关知识组织起来。而在课程实质性的目标上，两者是存在共同点的，即都是指向学习的课程，都需要指向学生学习的发生，这就意味着学生学习的共同体在真实问题情境的探索中产生学习意义，探索解决问题。

而这种学习的发生，有赖于教师和学生"师生共学"关系的恢复与建立。如果没有这样的过程，跨学科的项目化学习也只是一种虚假的形式上的体现，不能真正地促进学生成长。所以，跨学科的项目化学习不是让学生流于肤浅的形式体验，而是让学生反思自己的学习经历。

从这个意义上说，本书所提到的"4+1"课程模式是一体的，不是割裂的。"1"只是一个突破口，只有让"1"回归到"4"，只有将这种活动的、合作的、反思的学习作为一个个单元来整体组织，将"1"所创造出来的课程形态和"4"结合起来发挥整体的改革作用，才能产生"4+1"的整体成效。

"1"和"4"之间的互动过程是长周期的，也是循环上升的。对一个主题的理解，对一个核心问题的解决，需要学生多次的体验和感悟，逐渐稳固成为兴趣。这其中的关键在于这种活动能够自然、朴实地进入到学生的日常课程中去，成为他们不断关注的话题，成为学习中自然而然的一部分。这对修正学生固有的机械学习观，形成可持续的、指向发现问题、解决问题的学习心态也是非常重要的。

在现实的制度环境中，实践项目化学习面临诸多的挑战与困难，而所谓"理想的项目化学习"没有唯一的固定的答案，新的可能性永远是在实践者与研究者不断的创造过程中。

本章结语

"最好的课程"是一种融合、妥协的产物。

"最好的课程"是柔软的，它弹性地包容儿童与知识、教师互动中的各种不确定。

"最好的课程"是整体的，它同时关注学业与品德，对学习有高挑战性，但它采用的是充满探索和激动人心的方式。

"最好的课程"是能够时时让学生有"Ah？""Wow！？"这样的惊疑声的，还能时时让学生有"Oh！"这样的理解声。

"最好的课程"不是臆想，而是权衡之后的平衡。它不是大杂烩，而是东方与西方、理想与现实、儿童与学科、自我与社会平衡的产物。它是在当前的教育现实中开辟出的一条可行的道路。沿着这条道路，课程有可能兼顾彼此，给儿童和教师留下想象与重构的空间，也为国家意志和学科本质奠定基础。

展示项目化学习成果的学生们

跨学科的项目化学习：
"4+1"课程实践手册

第二章

4+1>5，一个中西融合的课程结构

在今天这样一个时代，仅仅在一个孤立的学科领域中教育学生是不够的。学生需要在情境中学习，超越学科界限联结各种学习，在各学科之间建立联系，将各个学科中学到的内容整合起来，学以致用，知行合一。

诚如上一章所言，课改那么多年，很多学校的课程貌似丰富而有特色，但实际上是在外围游走，很少触及课堂学与教的本质。作为通过结构性的变革来带动师生产生实质性学习变革的"4+1"课程，是用1天的时间实现完全的跨学科的项目化学习，用课程结构之变撬动学校的学与教之凝固的讲授常态，继而影响常态课程的"4"。这就是通过课程结构之变带动学与教的本质之变。

第一节 "4+1"是什么？

"4+1"课程模式最大的特点是把分科课程模式和跨学科课程模式的优势融合在一起，即4天进行分科课程学习，1天进行跨学科的项目化学习。采用"4+1"课程模式，是取两者之长，让学生在知识获取和能力发展中保持平衡，持续进步。

康外在学生一周5天的在校时间中，有4天采用分科课程模式实施上海市小学课程中的基础型课程，因为基础型课程的内容体现了国家对公民素质的基本要求，具有统一的基础要求和课程标准。这是一种根据学生认知规律，以学科知识的逻辑体系为线索，体现学术性、结构性的课程。另外的1天，康外采用跨学科的项目化学习课程模式，以教师包班形式，以"自我认识""自我表达""自我组织""身边科学""地球空间"和"技术工程"六大主题为中轴，结合PYP课程和STEAM[①]课程的优势，进行本土化的研究，打破课时界限，模糊学科边界，让学生开展探索性的活动。

一、两名教师包班制

两名教师包班制是由两名教师协同工作，统揽这一天班级中所有的教

---

① STEAM 是在 STEM 中加入了艺术（Art）的要素。

学项目以及教学时间内学生的一切活动。在这样的包班制下，教师进行跨学科教学，将不同学科知识进行整合，将分散的课程知识按主题进行逻辑结构化，并与学生经验和生活进行联系；以主题作为学生进行探索学习的主要线索，不考虑学科分类；以学生的探索为中心扩展开来，一个项目可能涉及诸多学科，学科界限相当模糊。

二、课堂时间弹性化

这一天没有上下课铃声，课堂时间随学生学习需要可长可短。学生采用基于项目的学习模式，以实践性项目的完成为核心，将能力发展、跨学科的内容与真实生活情境联系在一起。学生为了完成项目，在教师指导下需要解决一个或多个问题，需要针对自己的项目不断地试错并改善自己的设计，在这个过程中获得跨学科的知识和技能，并获得创造性运用知识的社会性能力。在这个过程中，每个班级、每个小组、每个学生个体可以支配的学习时间是不相同的，学生在此过程中持续处于一种积极的状态。统一的课间休息时间必将打断这种学习状态，并不适用于不同项目的学生，而自由的、可调节的、可支配的学习时间是学生在项目化学习中所需要的。

三、课程空间无界限

这一天，学校所有的空间都是学生的"学习场"。有限的封闭的教室无法满足学生的需求，学校的所有空间都会被利用。由于所有的项目设计都与学生的真实生活相关联，所以学生需要在真实的环境中进行探究和实践。学校的各种场地包括操场、图书馆、实验室、教室，校外的场所包括科学中心、博物馆、动物园、植物园、公园、街道、社区都会成为学生学习并完成项目的场所。环境将成为教学拓展资源的重要组成部分。传统的、在教室内封闭式的学习空间被改变。

四、课堂样态项目化

这一天，学生采用项目化的学习方式，课堂上呈现的是一种"杂而有章"的样态。项目化学习的时间和规模不固定，允许学生对项目进行反复探究，必要时甚至可以推翻重来，返回到初始探索的相关问题。项目化学习的空间也是不固定的，任何适合的地点都被允许利用。所以在"1"天里，你可能看不到传统课堂和校园里那种整齐划一的秩序，而是一种充满了生机的样态。

如果你在那"1"天走进校园，观察一年级的学生，你可能会看到有的小朋友在全神贯注地制作"能点头的相片夹""便签本"，他们通过完成这些小项目去认识一些简单的机械工具和零件。你可能看到有的小朋友一整天都在操场四周捕苍蝇。他们通过上网了解苍蝇的生活习惯和捕捉方法，以自己认为可行的方式设计捕蝇器，然后蹲守在选好的地方等候苍蝇飞进自己设计的捕蝇器中。有的捕蝇器大有收获，好些只苍蝇自投罗网了；而有的捕蝇器看着有模有样，却啥也没逮到，于是大家就一起研究那个能逮住苍蝇的捕蝇器的成功原因，并分析自己的装置需要改进之处。你还可能看到小朋友在走廊里搬书。一本本书怎么搬上楼才能省时省力呢？有的学生借用棍子扛，有的学生搭了个斜面拖，还有的学生弄了个滑轮直接从窗口把书吊上去……在项目的完成过程中课堂生成了创客式的学习样态。它减少了标准化教学和测试对学生个性化发展带来的影响，用这样的学习方式鼓励学生对未知事物产生好奇，进行探究和创新。在课堂上虽然看不到统一的指挥和划一的行为，但学生都围绕着主题和项目目标各司其职、各行其能，产生成就感和自我效能感。

在这种学生主导的项目化学习方式中，学生以个人或小组为单位提出问题，完成项目。在项目问题的解决过程中，学生以完成项目和解决问题为驱动力，进行猜想、设计、实践、观察、修整、分享等活动。能力强的学生可以摆脱传统的结构化课堂教学对个人学习与活动设计的约束，更好地发挥个人的能力；能力较弱的学生在教师的帮助和引导下，或在团队其他组员的帮助下，可以摆脱对自由度的不适从，根据分工职责，有主动性和针对性地完成项目中的任务。学生在这样的学习过程中更容易被激发起好奇心和兴趣，动态地建构知识概念，养成跨学科的思维品质。

第二节 为什么是"4+1"？

多年来，我们致力于教育改革，提倡以学生为主体，自主、合作、探究的教学方式，培养有创新精神和实践能力的人才，但事实上课堂形态没有发生太大的变化。为了升学，大多数教师会优先或习惯采用传授式的教学方法，以分学科的知识为逻辑起点，强调学科知识的掌握。传授式的课堂仍然是大多数学校的常态。如何才能在中国的课堂中培育学生自主创新的学习能力？如何才能让学生喜欢学习，激发学生成为主动的学习者？这是我们推动"4+1"课程模式的出发点与落脚点所在。

一、为什么不是5天同样的课程形态？

怎样的改革才能击中教育的核心，并产生多米诺效应的链式变革呢？那就是课程结构的变革。课程结构是什么？是课程体系的骨架，是各部分的配合与组织，规定了组成课程体系的学科门类与内容的比例关系。必修与选修、分科与综合、国家与校本课程的搭配，怎样的课程结构在一定程度上体现了怎样的课程理念价值取向。

因此，从显性意义上说，学校的课程结构就不应是"5天全分科"或者"5天全综合"的形态，而是要有一个配比。分科课程注重知识的逻辑结构和独立性，逻辑起点是知识，主张传递式的知识获得方式。但学科门类的细分使学生不能从整体上把握知识，束缚了学生思维的广度，一直接受分科教学的学生可能缺少发现问题、解决问题的探究能力。而完全综合的跨学科学习则会缺少知识的支撑。分科课程和跨学科课程各有优劣。

跨学科的项目化学习主张以主题为中轴，整合若干相关联的学科，课程起点是经验，主张探究式的知识获得方式。但它容易造成学生知识结构的碎片化和不平衡，从而产生结构性偏差。而现在越来越多的国家认为，跨学科的项目化学习包含着更多与未来竞争有关的要素：它指向创造性和批判性思维，它激发学生学习的主动性和持久性，它是关于团队与合作的，它为了解决真实情境中的问题，它是联系抽象知识与学生生活的，它混合过程和内容，它让学生快乐与能力兼备。如何在分科课程和跨学科课程之间找到平衡点，优势结合，趋利避害，既让学生有完整的知识结构，适应国内的评价环境和机制，又能发展能力，是我们一直以来探索的问题。

二、为什么不是"3+2"的配比？

为什么要采用4天分学科和1天综合这样的课程配比，而不采用"3+2"的比例呢？跨学科的项目化学习以能力获得为重点，在一定程度上忽视知识的扎实性，知识的获得由传统分学科的"去情境性"转变为"情境依存"，知识的获得依存于知识的活动情境与内容情境。在国内传统的注重知识的基础性的教育环境和评价体制内，跨学科的项目化学习面临着"基础扎实"与"能力发展"的两难价值选择。

如果过多地进行跨学科教学，那就会弱化所有的分科课程，要增加大量的分科课程所缺少的关于联系与一致性的问题，其容量与难度可想而知。而且若全部实施跨学科课程势必否认分科课程存在的依据和合理性，原先完整的有逻辑联系的知识体系也会变得零乱和琐碎，使得课程在知识获得这个维度上很难完成国家的课程计划。

"4"和"1"的时间与课时配比把课程改革的风险降到最低。选择"4+1"，就是在这两种课程模式间寻找一个平衡点，在知识的宽广性和知识的扎实性之间寻找一个平衡点，形成优势互补。这个平衡点将有助于课程实施既满足知识获得的需求，又满足能力获得的需求，让课程以学生发展为本，为学生提供经历并获得经验，增加实践活动，拓宽学习渠道，培养创新精神。

三、怎样理解"4"和"1"之间的关系？

"4+1"在课程形态上是分开的，但在学生和教师那里却是整合的。学生所经历的课时、内容是有联系的。在"4"天的分科课程中，康外完全按照上海市小学课程中的基础型课程的标准去实施，完成90%的基础型课程课时计划，另外10%的课程课时和探究型、拓展型课程的课时一起配置入主题式"1"的课程中去。这从分科课程中提取出来的10%的课时并不固定，可以是语文、英语学科的课时，也可以是数学、科学学科的课时，当然，也可以是音乐、体育、美术学科的课时。

提取哪些学科的课时整合到跨学科项目式课程中去，主要根据跨学科项目式课程探究单元链接的学科内容确定，当探究单元涉及人文类内容时，分科课程中的语言类学科的课时就会被提取出来一些；当探究单元涉及科技类内容时，数学、科学、劳技等学科中的一些课时就会被提取出来。从分科课程中提取部分课时对分科教学没有影响，因为一来提取出来的课时并不是固定在某个学科中，二来跨学科项目式课程中也有知识掌握的要求，当它们与分科课程相链接的时候，相互间也进行了补充。

当我们将跨学科的项目化学习"1"嵌于整个课程结构之中，而不是用它全部取代分科课程时，分科课程和跨学科课程之间由于课程结构的改变，产生了一系列奇妙的变化，就像在相互联系的系统中，一个关键的初能量就能产生类似多米诺效应的连锁反应一样，"结构之变"就是那个关键的初能量。

第三节 "1"的结构化设计

"4+1"课程模式中的"1"不是上课,也不是单纯玩,它衔接了分科与跨学科两种学习形态。"1"不是活动的拼拼凑凑,也不是简单地把拓展课做一天。在这一课程模式里,支持每一个目标达成的不是教科书,而是一至五年级360多个项目。

"1"的课程涉及五个设计维度。第一个维度是"主题";第二个维度是"能力";第三个维度是"学科";第四个维度是"项目";第五个维度是"实践",如图2-1所示。

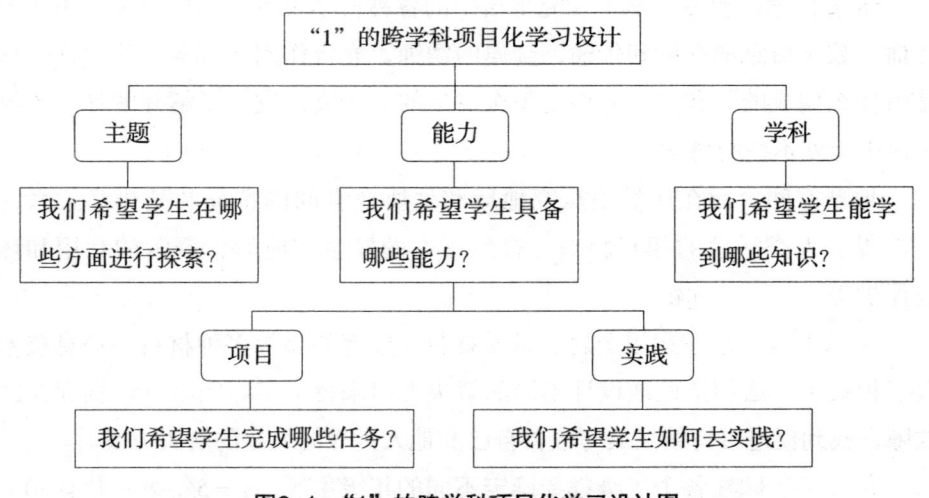

```
              "1"的跨学科项目化学习设计
        ┌──────────────┼──────────────┐
       主题            能力           学科
   我们希望学生在哪  我们希望学生具备  我们希望学生能学
   些方面进行探索?    哪些能力?       到哪些知识?
              ┌──────────────┐
             项目            实践
      我们希望学生完成哪些任务?  我们希望学生如何去实践?
```

图2-1 "1"的跨学科项目化学习设计图

一、主题维度

在跨学科的项目化学习中我们设计了六个主题:自我认识、自我表达、自我组织、身边科学、地球空间和技术工程。前三个主题偏文科,是综合文科板块；后三个主题偏理科，是综合理科板块。每个大主题都有内涵的界定，涵盖该主题的核心概念。

自我认识：旨在探究自我，引导儿童从个人的身体与器官出发，探索了解自己作为自然人、社会人的特点，探索情绪、心智、信仰与价值观之间的奥秘，促进儿童身心健康，发展各种良好的人际关系，包括家庭、朋友、社区等各个方面。

自我表达：旨在通过语言、肢体动作、表情等表达人物内心的情绪和思想，向外界传递信息，用合适的方式达成人与人之间的沟通和交流。肢体和语言是自我表达的载体，肢体承载动作，语言蕴含意义，两者都传递了或具体或抽象的信息。

自我组织：旨在联结自我与周围物理环境和人际环境之间的关系，熟悉学校作为一种组织和系统的功能、运作及其规则，进而理解社区、社会等更大范畴的组织的运作与功能，平衡自己的角色与组织之间的关系。

身边科学：旨在让学生探究生活中的各种科学现象：水的蒸发，声音的传播，数字信息的存储和传输，金属的锈蚀，光合作用，等等。从"这一切是由什么构成的"和"这一切是怎么发生的"研究出发，了解并解释、预测生活中无处不在的科学。

地球空间：旨在让学生探究地球和他所在空间的特征及其相互关系，自然界和人类活动的相互影响，自然灾害的发生和应对，资源的利用和环境保护等。

技术工程：旨在运用金属、纸质材料、废弃物品等多种材料和信息技术等多种技术方法创造性地设计不同的解决方案来解决实际问题，识别存在的故障，找到促进可持续发展与改善自己和他人世界的最好的解决方案。

每一个主题在各个年级都要确定不同的年级主题，1—5年级一共有30个年级主题，每个年级主题都有各自的内涵。以上述"自我组织"为例，1—5年级的5个年级主题分别为学校的生活、社区的功能、系统的结构、职业的发展、机构的决策，且每个年级主题都有各自的内涵界定，如表2-1所示。

表2-1 主题与年级主题：以"自我组织"为例

主题	年级主题				
	一年级	二年级	三年级	四年级	五年级
自我组织	学校的生活	社区的功能	系统的结构	职业的发展	机构的决策
探究人类创造的各种系统之间的相互联系；探索各种组织的功能和结构；探索社会决策机制对经济活动和环境的影响。	学校的功能和运转方式；教师和伙伴；学校是快乐学习的地方；遵守规则和校园安全；自我管理和班级服务。	不同的公共场所及其功能；我们所属的不同社区；人们在各自所属的社区中扮演不同的角色；制订社区服务计划。	系统与部分的关系；中国政府的组织结构；上海市的区县分布；徐汇区政府的构架和部门功能；公民的权利与责任。	职业的不同性质和内容；职业的尝试和体验；职业的变化；社会的发展和未来潜在的职业；职业道德。	联合国大会等多边议事机构的概念、运作方式和模拟；国际关系与外交基础知识；世界发生的大事对未来的影响；自身在未来可以发挥的作用。

二、能力维度

跨学科的项目化学习指向学生的关键能力。学生在360多个项目中全面经历如下七大能力。

- 探究技能；
- 技术应用技能；
- 审美技能；
- 思考技能；
- 社交技能；
- 交流技能；
- 自我管理技能。

为了使每一种能力素养都能在小学阶段切实地落实，我们需要把每一种能力目标进行细分，也就是把每一个大的能力目标细分为若干个小目标，使每个单元每个项目在落实能力目标时更清晰、更明确。比如"社交技能"这条能力线索，可以细分为承担责任、尊重他人、合作、化解矛盾、集体做决定、在小组中担任角色、肢体与手势、平衡与运动等更具体的能力。每一种能力也有具体的说明与阐述，使之成为符合小学生年龄特点的、在小学阶段能够落实的能力目标。下面以探究技能目标为例（见表2-2）。

表2-2 跨学科的项目化学习中的七大能力：以探究技能目标为例

探究技能	提出和发现问题	提出自己想要知道的一个问题；发现一个自己所要解决的问题。
	产生假设	根据已有的知识来对结果进行假设与推理。
	实施运行	实施方案；运用数学、统计、模型等工具。
	观察	运用所有的感官来关注相关细节。
	记录	收集信息；记录数据；分析数据。
	制订计划	设计方案；列出提纲；考虑技术可行性、成本、安全、美学以及合法要求。
	修改调整	修改与完善；接近达到目标；根据实践调整策略和方法；审视自己的学习状况和习惯；不断完善，接近目标。
	演示交流	用表格、图画、模型或多媒体等方式来交流分享；用探究过程中收集的证据有说服力地表达见解。

每一个大主题、每一个项目都涉及学生的一种或几种不同的能力，例如"自我表达"中的"读心神探""奇葩辩论赛"等项目，在活动中学生学习察言观色、知己知彼，绞尽脑汁编排理由，穷尽各自的言语和肢体动作，不仅锻炼学生与语文学科相关的语言组织和口语表达能力，还考查学生社交技能中的表达技巧、交流机智，思考技能中的逻辑推理、创造性思考，自我管理技能中的心理推导等。此外，"自我表达"中的音乐欣赏、抽象画、世界名画赏析等相关的项目还包含了审美技能，如"绘画与文字"是"自我表达"线索下的项目，它要求学生以绘本形式改编世界名著，不仅要读懂，还要加上配图并装订。

三、学科维度

因为主题的包容性，所以在每一个主题、子主题及相应的项目任务中学生所接触到的知识都是与特定主题相关联的情境性知识。在跨学科的项目化学习中，涉及的知识面很宽，包含小学所开设的各门学科如语文、数学、自然、道德与法治、美术、音乐等知识。也有相当一部分并不是小学的学习内容，但是在人类的知识体系中占有重要的地位，这些内容涉及心理学、脑科学、技术与工程、历史与文化、管理与领导、政治与决策等多个领域。由于这些知识都被包裹在有趣又有探索性的情境中，学生与这些知识的互动是自然发生的，是有意义的。与传统的知识点不一样，这些知识并不需要学生反复地进行脱离情境的纸面操练，而是需要学生理解，即通过创设真实的任务情境让学生知道如何用概念来解决问题，并在跨情境的运用中举一反三，达到对概念的深度理解。

四、项目维度

每一个主题在不同的年级都有相应的具体主题，而项目是用来支撑相应的主题的，每一个年级的每个维度的特定主题下都包含5—6个项目，这样5个年级就会产生360多个项目。

以"自我认识"这个主题线索为例，在一年级的主题是"身体和器官"，二年级是"遗传和变异"，三年级是"情绪和管理"，四年级是"差异和理解"，五年级是"权利和责任"，形成螺旋上升的序列。在"身体和器官"这个子主题下，又包含"玉米玉米拉出来""我的蛀牙""怦怦跳的心脏""胃是粉碎机""支撑身体的骨骼""假如我的眼睛不能看""神奇的唾液"等不同的项目。

这些跨学科项目的完成时间各不相同，如"神奇的唾液"项目只需要几十分钟就能完成，学生把不同的食物放在嘴里，计算它们融化的时间，从而探索唾液中能分解食物的物质，以及区分能被这种物质分解的食物种类。

而"支撑身体的骨骼"项目也许要一天的时间。"玉米玉米拉出来"是一个了解消化系统的项目,需要花上一周的时间。而像"我的蛀牙"这样的项目可能要花上更长的时间才能完成。学生把模拟牙齿的蛋壳浸泡在不同的液体中,每天观察记录蛋壳被腐蚀的情况,从而探究哪种类型的食品对牙齿损害最大或最容易造成蛀牙等。这些有趣又有挑战性的任务让学生的学习充满乐趣与意义。

从项目设计的角度来看,具体的技术方法有如下几种。

驱动性问题设计。设计让学生处于真实的、与生活相关联的情境之中的问题。学习的过程就是解决实际问题、完成项目任务的过程。问题和项目是学习的核心。教师使用开放性问题来激发学生进行探究、观察和思考。

学习支架设计。教师指导学生开展独立探索或协作探索,调动学生参与的主动性。教师在学生完成项目或解决问题的过程中设置关键的控制点,提供具有支撑、承载、连接等作用的支架,确保学生在最近发展区内进行学习并解决问题,让学生通过内化支架获得独立完成任务的技能。

工具与资源设计。教师为学生设计适宜的学习环境,提供丰富的资源和工具,包括设施设备、信息化工具以及一些用来支持或扩充思维过程的认知工具,并向学生展示如何使用新的工具和材料。

教学分析。设计学习内容的知识导航,展示项目中跨学科知识之间的关联,教师使用适当的知识性术语,敏锐地感知学生的思考与学习状况。

学习评价设计。倾向于运用形成性评价,使用量表、行为观察、档案袋、作品展示等评价方式,教师帮助学生策划与实践,记录与证明和下结论有关的技能,运用适宜的线索和提示引导学生进入下一阶段的学习。

目前,六大主题30个年级主题单元已经形成了360多个项目,丰富有序,系统完整,避免了项目的随意性和重复性。此外,项目库也具有开放性,所有的项目都可提供给教师选择,教师也可根据自己和学生的需求对项目进行调整,还可以创生与主题匹配的新项目。所以,在"1"的总体结构框架下,每所学校每个班级所选择和使用的项目可能不尽相同,但都与能力目标相匹配。

五、实践维度

360多个项目的实践方式是多样化的，主要包含四种不同的形式：个人的主动探究、小组的伙伴合作、成人的示范支持和社区的服务活动。这四种实践形式都极大地锻炼了学生的创造性、思考力、创造新意义的能力，需要学生在真实世界和学科世界中来回穿梭，将自己所学应用于改变自己和周围人的生活，创造新的意义。

个人的主动探究：从学生发现事物的本能欲望入手，以学生的切身经历为基础，鼓励学生像文学家、艺术家工作那样去学习，鼓励学生像科学家、工程师一样探究自然或物质世界，去发现和解决实际世界中的问题，建立从系统模型到问题解决的推理集合。

小组的伙伴合作：鼓励学生在项目完成过程中参与小组讨论和伙伴合作。通过与同伴交流彼此想法来帮助自己构建思想，同时也让同伴学习成为可能。学校和教师在此过程中要营造合作学习的环境，包括物理学习空间以及合作学习的氛围。

成人的示范支持：教师、家长以及其他辅助人员在学生学习探究过程中启发引导学生，在适合的时候进行开放式示范或过程性示范，给予学生恰当的支持与帮助。成人要带头执行与实施，给学生以示范，潜移默化地影响学生。

社区的服务活动：社区服务项目旨在帮助学生通过真实的体验和实践，从一些微不足道的事情中产生真心实意的关切和责任承担。学生在这种有意义的活动中学习知识、锻炼身体、体验感悟、享受创造性、培养价值观，意识到自己作为家庭、社区、地方、国家乃至全球成员的一分子的责任，积极持续地参与各项项目合作。

第四节 成为"4+1"的教师

在这种课程结构之变中，教师受到极大的挑战，却也收获了极为丰富的学习体验。在康外，"4"和"1"这两种课程模式是由同一批教师来进行教学的。也就是说，一个星期中有4天的时间教师在传统的分科课程模式下教学，而剩下1天要切换到另外一种项目式的课程模式当中去。这一过程对教师来说意味着极大的转换，正如一位教师所言：

说这一天轻松，因为很多知识性的教学内容无须我讲，只要给学生最大的自主空间去探究就可以了；我不用给每个组打分，因为每组的内容是不一样的；我不用太费心学生在活动时有没有走神，有没有游离在小组外，因为组长是最好的组织者……

说这一天艰苦，因为我要思考，我的讲应该到什么程度，这么多的资料，学生如何抓住要点，我要引导学生去关注资料中的"最"和"唯一"，以让他们学会快速提取信息的方法；学生活动时，我要在班级里巡视，发现每个组的闪光点，有的小组在动手制作时特别有条理，有的小组却未必；遇到共性问题，我要组织全班大讨论，寻求解决办法……

每周的这一天，是学生们最期待的一天，也是老师们痛并快乐着的一天。

在"4+1"的课程中，教师既有的课程观、学生观、学习观都受到极大的冲击。他们要在两种课程模式间切换和游走，要主动在两种课程的实施间产生强关联，趋利避害。而教师一旦入门，会产生很大的课程效益与附加值，成为"4+1"课程模式的"新教师"。

一、整合"基于知识系统的教学"与"基于项目的问题解决"

"4+1"课程模式下的教师需要整合知识的系统性和基于问题情境的探索。基于知识系统的教学过程像是在登山，需要一步一步按部就班地从基础开始，向上攀登，如果不能够打下知识的基础，对基本的概念和能力有所疏漏，在后续的过程中就会遇到瓶颈问题。而基于项目的问题解决过程则像是在织网，学生和教师共同编织一张大网，网的大概方向和编织过程是知道的，但是每个人怎样编，编得如何，每个情境节点上要用到哪些具体的知识，则没有那么清晰的规划，一切要根据现场的可能性和师生、生生之间的生成性来确定。

二、整合"高结构的学科知识"与"低结构的情境知识"

"4+1"课程模式下的教师需要广博的情境中的知识与结构化的知识体系。项目化学习涉及大量情境中的知识，问题和大量的信息扑面而来，教师往往也成为"知识的困乏者"，无法解决学生的问题，这就促进了不同学科教师之间的主动沟通，项目化学习过程也成为教师和学生一起探索解决问题的过程。项目化学习需要教师具有知识的广阔性和联结性，而这些知识单靠在主题式学习过程中逐步建构显然是不够的。教师需充分利用各学科知识结构体系，来支持学生进行主题式项目的研究，既让学生的研究有深度，所学得的知识不只对形式与内容的掌握，又让知识具有实用性。

同时，跨学科的项目化学习所提供的教与学的方法和策略及能力为中心的培养导向，会潜移默化地渗透与迁移到分科课程的教学中去，使分学科的学习在内容上可与其他学科联结；在学习策略上也尝试于有限的时间里在传授与探究间找到平衡点，尽可能地把基于问题和基于项目的学习方法在基础型课程中找到落脚点；在评价的理念、方式上也都会有转变。

三、整合"传授策略"与"质疑探究策略"

"4+1"课程模式下教师的教学策略往往会从单一传授的策略转化为质疑探究的策略。在质疑探究式的教学中，教师的角色定位是教学活动的引导者、探究过程的合作者、课堂情境的调控者和评价者，教师甚至还可以和学生形成共同体，一起学习和探究。在这个过程中，探究过程重于探究结果，教师首先要创设一个允许学生自主探索的教学环境，培养学生的批判性精神。要学会等待学生，允许学生试错。在跨学科的项目化课程中，教师需保持与学生探究式的学习合作，营造一个有利于探究的学习氛围。在此氛围中，教师不再是权威者，而是一个了解、激励学生的合作伙伴。教师要充分尊重学生的主张和权利，鼓励学生对问题的质疑和求异。教师还要非常重视过程性评价，收集学生理解与思考的证据，记录学生学习的过程，保留学生的作品及项目结果作为评价和指导的依据。这种经常性的过程性的反馈能帮助学生把评价与学习直接联系在一起，帮助学生增长见识，培养学生的兴趣，引导学生投入到有意义的反思中，并发展自我管理的能力以及认识成功的标准。

四、整合"对正确结果的追求"与"尝试错误的空间"

"4+1"课程模式下的教师要容忍甚至鼓励学生犯错误。以往，教师接触到的大多数教学情境是对正确答案的追求，而在项目化学习中，学生时刻会遇到挫折与失败。在"1"的课堂里，教师鼓励学生像文学家和艺术家创作般学习，鼓励学生像科学家探索未知般学习，鼓励学生像工程师解决问题般学习。学生在这样鼓励质疑探究的学习情境里虽然会反复试错，但一直处于主动的积极的学习状态，获得跨学科的知识和技能，以及创造性运用知识的社会性能力。

例如，康外一年级学生在"简单机械"探究单元里要通过"超级挂钩"这个项目来了解钉子和榔头的功能与使用方法。学生进行小组合作，用钉子、榔头和木条做一个超级挂钩，要在挂钩上挂上书包、抹布、扫帚等六样东西。某男生组在第一次制作时想解决的主要问题是"能把最重的书包持久地挂在钉子上"。他们在制作和实践过程中得出"钉子进入木条的深浅程度和承载重量的多少有关"，所以根据物体的不同重量把钉子深深浅浅地敲入木条，在最短的时间内完成了超级挂钩的制作。但是男生组的超级挂钩并没有完全成功，因为他们没有计算钉子之间的间距，所以没能挂上所有的物品。他们在试错评估后经几次调整才完成了"超级挂钩"项目。在这样的探索学习中，失败是不可避免的，而这种失败体验最难能可贵的是加深了学生对事物的认识和观察，学生在寻找失败原因的过程中完成了对知识的动态建构。

要使分科教学的教师成为胜任项目化学习的教师，需要对教师进行大量的培训和跟踪式矫正，需要让教师参与到项目的设计过程中；需要教师分别以教师的身份和学生的身份去教与学。这对于在分科模式下成长起来的教师以及长期在分科模式下教学专业固化的教师团队来讲，是件困难甚至是痛苦的事。教师的转变起初是艰难的，也需要大量的课堂跟踪与纠正和评估，但一旦教师入门后，就会增长出更大的效益，产生附加值。在项目化学习中，不仅学生在发生新的学习，教师也在课程中不断产生主动性的学习，课程革新与教师学习之间发生良性的循环作用，这正是我们所期待的。

本章结语

4+1>5，课程的精髓在于结构的平衡，不是贸然地全部推翻中国教育所长，也不是全盘否定分科教育，而是寻找当前教育体制下最佳的平衡点。用1天的时间实现完全的跨学科的项目化学习，用课程结构之变撬动学校的学与教凝固的讲授常态，继而影响常态课程的"4"。同一群教师行进在两种课程模式中，他们会使两种课程模式间产生强关联，趋利避害，调整优化，从物理反应走向化学反应，自主进行课程再造，这就是通过课程结构之变带动学与教的本质之变。

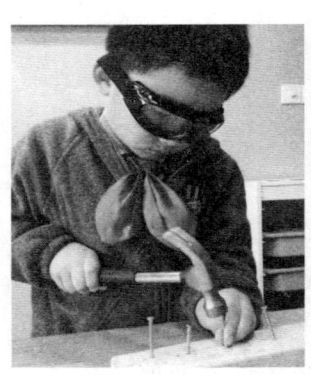

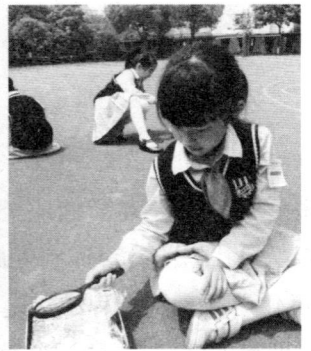

学生们展示项目化学习成果

学生在认真动手做实验

有趣又有挑战性的任务，学生们乐在其中

跨学科的项目化学习：
"4+1"课程实践手册

第 三 章

自我认识：在探索世界中发现自我

"自我认识"课程旨在引导学生探究自我，从个人的身体与器官出发，了解自己作为人的特点，探索情感、心智、信仰与价值观之间的奥秘，理解并尊重差异。

"认识你自己！"

这是镌刻在古希腊神殿上的著名箴言。

每个个体从呱呱坠地开始，就始终在和外部世界对话和互动，自觉或不自觉地探寻自我乃至全人类的奥秘。

引导儿童认识和发现自我，是康外开启的第一个跨学科的项目化学习探究单元，因为这对儿童的一生具有持久的意义和影响。

在本单元的学习中，研究主题是和自我朝夕相处却容易被忽略的"身体"、时时受到影响却隐藏在内心深处的"情绪"，还有家庭、信仰等，学生通过对这些主题的探究，开启自我的认识之门，逐渐有意识、有能力塑造一个更健康、更美好的自己。

第一节 "自我认识"是什么？

自我认识是对自己及自己与周围环境关系的认识，包括对自己存在的认识，对个体身体、心理、社会特征等方面的认识。儿童的成长总伴随一些身体和情感上的变化：

我很生气！

我现在很开心！

我的牙齿很痛！

为什么我今天要打那么多喷嚏？

为什么我会拉尼尼？

……

这样一些在大人看来平常无奇的内容，对儿童而言却有着非比寻常的意义。自我认识就是让儿童对自己有更清晰的理解和认识：知道身体正在发生变化及引起变化的原因！意识到自己的情绪也会"生病"！悄悄地和好朋友分享长大后想做工程师的小秘密！这些就是儿童眼中的"自我认识"。

一、现场

"屎"无前例的研究

"妈妈,妈妈,我要拉尼尼去了。"天刚蒙蒙亮,林林妈妈就被孩子吵醒了。这几天,林林不知道怎么回事,就是和马桶杠上了:早晨也不睡懒觉了,拉尼尼也不要提醒了。林林扒在马桶口,左看右瞧,嘴里嘟囔着:"在哪里呢?""妈妈,能给我一根小棍子吗?"林林拿着妈妈递过来的小棍子,轻轻拨弄着刚拉出来的热腾腾的尼尼,看得可仔细了,但有点失望,"咦,怎么没有呀?"突然,厕所里传出林林兴奋的叫声:"啊!找到了,找到了,终于找到了!"林林急忙在学校发的记录单上,郑重地写下这样几个字:周二早上7点,我拉出了3颗玉米粒!

这天一放学,林林像只欢快的小鸟一样,跑到妈妈身边,迫不及待告诉妈妈:"妈妈,妈妈,你知道吗?有的同学拉出的玉米粒比我多,有的比我少,还有的同学一粒也没有拉出来。""可是妈妈,昨天我们吃的都是一样的玉米粒呀,为什么每个人拉出来的都不一样呢?"

回家后,林林的第一件事就是找书看,只要是和人体有关的,都反复地翻看,也许是想从书里找到消化排泄的秘密吧。家里做医生的爸爸一下子成了香饽饽,一有空儿,就被林林缠着问东问西。你还别说,小家伙的问题古灵精怪的:吃下去的饭怎么会变成尼尼的?每个人拉的尼尼都一样吗?一天应该拉几次尼尼呀?双休日逛商场的时候,路过一家书店,林林就一头扎进去了,煞有介事地捧着厚厚的一本《人体的奥秘》,尽管很多字不认识,彩页图片也看得津津有味。

几周后,当妈妈拖着疲惫的身躯回到家,林林一脸神秘地看着她,非要妈妈闭上眼。"当当当——当!妈妈,快睁开眼睛看看,我做的尼尼绘本!"呈现在妈妈面前的,除了孩子一脸的"一本正经",还有他手里的自制绘本,尽管插图简简单单,文字也不多,但是能看出来画的是各种动物的尼尼。妈妈惊喜地发现,林林分别从颜色、量、形状等方面对每种动物的尼尼做了介绍。林林见妈妈看得很仔细,还忙不迭地做起了讲解员。据说,林林还在学校交流会上进行了分享,大受欢迎,圈了不少"尼尼粉"哦!

> 慢慢地，妈妈不断发现孩子身上发生的变化：吃饭会细嚼慢咽了，每天早上能定时拉尼尼了。

以上现场描述的故事，呈现的是一年级"身体和器官"探究单元中的一个项目，项目名称叫"玉米玉米拉出来"。玉米粒在身体里是如何"旅行"的？经过了哪里？发生了什么变化？这是事先教师布置的研究任务。当学生每天观察、记录排泄情况，得出研究结果后，教师还会组织一个小型讨论分享会，让学生在互相交流和碰撞中，进一步发现人体消化食物的有趣现象。

"身体和器官"是"自我认识"的一年级主题。通过"身体和器官"探究单元的学习，刚踏进校园的一年级学生带着对身体的好奇感，在好玩的项目中探索身体的奥秘，逐渐了解身体主要器官和系统以及它们是怎么工作的，感受生活方式会对身体产生的影响，并有意识地选择健康的生活方式。

二、如何理解"自我认识"

"自我认识"是跨学科项目化学习的六大主题之一，对自我的探索贯穿五年小学生活。这个主题的确立表达了课程设计者对每个个体的尊重，对每种生活的理解，对每段人生的期许。

"自我认识"主题在小学阶段的定位如下。

——希望每个学生能关注自己的身心健康，在身体、情感、认知、精神和社交等方面获得发展；每个学生都愿意主动去了解自我，知道并逐渐养成积极健康的生活方式，发展和保持良好的人际关系。

——希望学生能在体验活动中充分感知和探究人生、家庭和世界文化的差异。在此过程中，能遵守国际规则，懂得国际礼仪，尊重多元文化，认识到人和人之间存在差异，但他人的意见也可能是正确的或有益于问题的解决的。

——希望学生在对自我的探索过程中，伴随对社会更深的理解，明白每一个个体承担责任的形式，在融入和参与未来世界的发展中逐步成长。

基于以上定位，"自我认识"在小学阶段围绕"身体和器官""遗传和变异""情绪和管理""差异和理解""权利和责任"五个年级分主题，重点回应两种核心技能。

（1）思考技能。学生在探究自我过程中，尝试在已知和未知间建立联系，在自己和他人观点间求同存异，发现自己和他人思考问题的路径和方法。

（2）自我管理技能。在项目完成过程中，学生学着制订计划并实施活动，在此过程中有效利用时间，依据事实和意见形成或者选择合适的规则和行动方针，能遵循大家认可的行为方式。

第二节 "自我认识"的项目结构

基于学生的认知发展，"自我认识"在每个年级的主题设计呈螺旋上升的递进，逐步凸显个人自然属性和社会属性的相关特点。

一、"自我认识"的年级主题

对一年级学生来说，研究自己的身体和器官是最直观的，同时能引发其对自我深层次探究的兴趣。个体和家庭联系最为紧密，二年级的学生把自己置身于社会最小的"细胞"——家庭中，追溯家族历史和演变，了解家庭的结构和组成。三年级学生跨入人生第一个十年，这个阶段的学生个体性格特征显现，心理产生微妙的变化。学会在适当的时候调节情绪，对这个年龄的儿童来说再合适不过了。到了四年级和五年级，学生逐渐有能力、有机会跳出个人和家庭的视角，以更广阔的视野和胸怀，去慢慢触及全社会和全人类的问题和冲突。而为了在未来能够拥有更多的话语权，通过课程学习，学生要能了解并尊重不同文化的差异，同时既能享受权利，又能承担应有的责任。表3-1列出了一至五年级"自我认识"的主题及其内涵。

表3-1 一至五年级"自我认识"的主题及其内涵

年级主题	主题内涵
一年级：身体和器官	身体的各个系统以及它们的工作方式； 身体的各个系统相互依存； 生活方式的选择对身体的影响。
二年级：遗传和变异	家庭的组成； 家族的发展历史； 基因和遗传因素； 繁衍的过程； 家庭反映个人的身份认同和当地的文化。
三年级：情绪和管理	认识自身情绪和他人情绪； 用心理科学的方法调适、缓解、激发情绪，以保持适当的情绪体验与行为反应，避免或缓解不当情绪； 幽默的力量。
四年级：差异和理解	每个人都是唯一的个体，拥有合作能力与领导力； 不同地区和国家的文化存在差异； 各地文化的互识、互尊、互补、互融，构建文明的全球文化。
五年级：权利和责任	努力与他人及其他生命体分享有限资源时的权利与责任； 群体以及其内部的关系； 机会均等； 和平与解决冲突。

二、项目结构：以三年级为例

三年级学生正处在低年段向中高年段过渡的时期，学生不但要面对学习难度增加、学习方法变化的问题，同时，自我意识趋强却又伴随着自控能力较弱的不对等发展，会出现"想把事情做好却又没有足够能力"的失落，容易产生情绪不稳定。

与一年级以生理健康为主的项目不同，三年级的"自我认识"以心理健康为设计主线，让学生有机会做情绪的"捕手"，捕捉并体验自己出现的各种情绪；试着用合适的方法来表达情绪，懂得不良和消极的情绪是可以控制和调节的；在教师的帮助下做好心理建设，更好地和身边的人相处。具体内涵包括以下几个方面。

1. 认识自身情绪和他人情绪

每个人每时每刻都伴随着不同的情绪，或快乐，或悲伤，或兴奋，或忧愁，然而这些情绪却看不见摸不着。管理情绪的第一步是认识情绪，在它来临的时候能够敏锐地察觉到。帮助学生认识情绪，如果只是由教师讲学生听，恐怕还是无法揭开情绪神秘的面纱。所以在项目设计时，要注重创设情境，激发学生的真情实感，让学生身临其境地去感受、去体验，最终达成认识情绪的目标。

通过以下项目，学生体验并认识情绪：

- 快乐清单；
- 我演你猜；
- 赞美信封；
- 我的情绪反应；
- 十秒钟；
- 照镜子；

……

2. 用心理科学的方法调适、缓解、激发情绪，以保持适当的情绪体验与行为反应，避免或缓解不当情绪

情绪有好坏之分吗？其实情绪没有好坏之分，但是情绪引发的行为以及行为产生的后果有好坏之分。接纳自己，从接纳自己的所有情绪开始。

情绪可以怎样管理呢？管理不是个高大上的词，学生要通过参与这些好玩的游戏性项目，去体验：让智慧开启快乐之源，让快乐更加快乐；用自我控制、澄清、修正来调整心态，让伤心不再伤心。在自己的想法和情绪即将要激发一些语言和行动时，能够及时控制，时时保有信念：我是情绪的主人，我能够管理好我的情绪。

出现不当情绪怎么办？负面情绪其实是过激反应的产物，会给学习和生活带来困扰，影响健康。情绪是流动的，只要我们及时察觉，并且不执拗，

不当情绪就能缓解。还可以对着镜子咧开嘴笑一笑；将烦心事写下来，肆无忌惮地揉碎它、踩烂它；向身边的人倾诉，互相鼓励。学生通过行为训练，获得一些简单实用的经验，来应对不当情绪。

学生可通过以下项目化学习管理自己的情绪：
- 情绪垃圾桶；
- 坐地起身；
- 天使和魔鬼；
- 疯狂的音乐；
- 人体时钟；
- 风雨同行；
- 勇敢的心；
- 幸运之骰；
- 翻叶子；
- ……

3. 幽默的力量

别小看了幽默，有时候，它起的作用让人意想不到。幽默是激励情绪向正面发展的催化剂，它让苦闷的心情得到放松，为紧张的气氛注入轻松的元素，能拉近人与人的关系，让你成为一个受欢迎的人。语言诙谐、表情逗笑、偶尔自黑，通过项目的训练，其实幽默并不难。这部分包含以下项目：
- 物品总动员；
- 天马行空的短剧；
- 奇怪的图画；
- ……

第三节 "自我认识"项目群：以三年级"情绪和管理"主题为例

三年级的"自我认识"主题和情绪有关，情绪存在着差异性和主观性，因此本探究单元的项目设计多以情境创设为主，在探究互动式的项目中，引导学生体验真情实感，尝试用简单有效的方式管理情绪，提升情商。

"情绪和管理"中所有项目依据核心概念分别安排在6天开展，以下将选择6个项目进行具体介绍，分别是"快乐清单""赞美信封""幸运之骰""翻叶子""情绪垃圾桶""天马行空的短剧"。

"快乐清单"和"赞美信封"是"认识自身情绪和他人情绪"板块中的两个具体项目，活动目的是让学生感受并认清自己在活动过程中出现过的种种情绪。

"幸运之骰""翻叶子"和"情绪垃圾桶"是"用心理科学的方法调适、缓解、激发情绪，以保持适当的情绪体验与行为反应，避免或缓解不当情绪"板块中的三个项目，旨在引导学生通过团队游戏意识到自己的情绪和人际关系间存在关联，积极的情绪能够帮助自己建立良好的人际关系；能够找出有助于形成积极情绪的有效策略。

"天马行空的短剧"是"幽默的力量"板块中的一个项目，旨在引导学生通过有意识地制造一些小幽默，活跃气氛，拉近人和人之间的距离，感受幽默带来的令人意想不到的作用。

一、"快乐清单"项目

"快乐清单"要求学生记录让自己感到快乐的事情。在这个项目中，学生回忆自己的快乐，了解美国年轻人眼里的快乐，汇集成小组的快乐清单。活动的重要目的是将快乐显性化。这里的显性化既是指用看得见的文字来呈现快乐，又是指将内心的情绪呈现为引发这种情绪的具体事件。在桩桩件件事情面前，大家会发现引发快乐的大部分是平常的、琐碎的事情，其实，快乐就在身边。

在梳理清单的过程中，对自我的回忆、受美国年轻人的启发、和同伴的碰撞，次第交织在思考过程中，使学生领会到更加广义的快乐范畴，逐渐形成自我对快乐的认识。"快乐清单"项目实施指南见表3-2。

表3-2 "快乐清单"项目实施指南

建议时间：2小时	单元主题：情绪和管理	项目活动：快乐清单
项目描述： 回忆并记录自己感到开心的10件事；了解美国年轻人眼里的快乐；小组内讨论汇总，完成快乐清单。		
主要关联技能： 思考技能（领悟、辩证思维）	**主要关联学科：** 道德与法治、语文	
项目目标： 1. 能够从多方面梳理和表达开心的事 2. 能够初步理解不同文化背景下的同龄人眼中的快乐 3. 愿意在组内分享交流		
材料准备： 教师："美国年轻人眼里的开心时刻"资料（一组一份）；快乐清单模板（一组一份） 学生：用于记录的纸和笔		
作品结果表现方式： 快乐清单		
驱动性问题： 生活中处处有快乐，你的快乐是什么？他的快乐是什么？请汇合成一份快乐清单。		
项目步骤	教师支架	
一、记录开心的10件事 （一）回忆自己觉得最开心的10件事 （二）将这10件事一一记录下来	教师可以用个案分析的方法，引导学生从不同的方面梳理和表达开心的事情，不要局限于和学习有关的开心事。	
二、了解美国年轻人眼里的快乐 （一）组内快速阅读"美国年轻人眼里的开心时刻"资料 （二）对比自己的10件开心事，在组内交流自己的感受	教师需要去寻找适合的资料，既能体现文化差异，又能符合学生年龄特点，启发学生进一步发现令自己开心的事。	

续表

项目步骤	教师支架
三、制定快乐清单 （一）小组确定方案，包括分工、步骤、组员交流顺序 （二）步骤一：组员逐一交流自己的10件开心事，记录员做记录（注意：如果和之前交流过的组员在内容上有重复的，就不做交流，不重复记录） （三）步骤二：采用头脑风暴的方式，开动脑筋寻找快乐，记录员做好记录	教师根据各组快乐清单的记录情况，以样例示范的方式指导学生有效地记录。
四、展示分享 用张贴、陈列等方式摆放各小组的快乐清单，全班同学互相参观，并用投票（贴粘纸等）的方式选出班级的快乐清单。	

项目评价：

快乐清单评价表（小组自评）

评价要素	评价标准
快乐多元化	☆☆☆
快乐事件数量	（　　）件
获得粘纸数量	（　　）张
自我满意度	☆☆☆

学生档案袋材料收集：
1. 每个小组的快乐清单
2. 快乐清单评价表

在项目评价中，快乐事件的数量只是作为一个参考依据，更重要的评价指标是"快乐多元化"。这个指标能反映出学生对快乐范畴拓展的宽度和深度。在项目具体实施时，我们会发现，一谈到快乐，学生首先想到的是学习的进步、成绩的提高。作为教师，要为学生提供思考支架，引导学生不受局限，在生活上、朋友间、兴趣发展等更多方面发现快乐。支架一：在学生交流时，教师适时引导学生分析他人发言，提取快乐的不同元素；支架二：提供阅读材料，领会美国青年对于快乐不一样的诠释，进一步丰富对于快乐元素的认识。

二、"赞美信封"项目

赞美是最动听的话语，让人如沐春风；赞美是一帖良药，治愈心灵的不适。每个学生都希望得到表扬，获得肯定。在"赞美信封"这个项目中，学生写下对同学的赞美之词，并贴在相应同学的大头贴下。随着活动的推进，有多少同学赞美自己，自己收到多少个赞美信封，越来越受到关注了。慢慢地，大家已经忘了这只是个"一写一贴"的游戏，赞美的多少影响着大家的情绪。赞美多的，非常高兴，反之，则懊恼、失望、伤心。在通过游戏创设的情境中，学生体验并认识到赞美带给自己的情绪以及情绪的变化，同时，也有机会观察到一起学习玩耍的伙伴的情绪表达。

看似简单的活动，但要写准同学的优点，除了靠平时自己的观察，还要制订详尽的计划进行采访，和采访对象交流收集第一手的资料，最终汇总成同学的优点，这个过程真正考验学生对不同类别的材料进行分析、提炼的能力。"赞美信封"项目实施指南见表3-3。

表3-3 "赞美信封"项目实施指南

建议时间：2小时	单元主题：情绪和管理	项目活动：赞美信封
项目描述： 通过采访和日常观察，写下并表达对6名同学的赞美，感受赞美带来的情绪正能量。		
主要关联技能：思考技能（分析、评价）、自我管理技能（组织安排）		**主要关联学科**：语文、美术、道德与法治
项目目标： 1. 能够制订采访计划，进行有效采访 2. 汇总分析采访记录，提炼出同学的优点 3. 用恰当的文字表达对同学的赞美		

续表

材料准备：
教师：1. 海报纸（每组1张，不小于80厘米×60厘米）
      2. 采访单（每人1张）
      3. 各色小信封（每人6个）
      4. 双面胶
学生：1. 用于记录的纸和笔
      2. 一张大头照

作品结果表现方式："赞美信封"海报

驱动性问题：
赞美别人，被别人赞美，会带给自己怎样的情绪体验呢？

项目步骤	教师支架
一、制订采访计划 （一）小组内讨论开展此活动的要求 1. 每个同学一共要为6名同学制作赞美信封 2. 通过现场采访其他同学的方式来采集6名同学的信息 3. 信封内容可以是概括的优点，也可以是具体的事例 （二）根据制作赞美信封的要求，组内讨论采访计划的要素 1. 确定6名同学名单 2. 确定采访名单时，注意选择比较了解他们的同学或老师 3. 设计采访提纲或问题 4. 采访时间大约1小时 （三）根据计划的要素，每个同学制订采访计划，设计问题	通过组织交流，引导学生了解制作赞美信封的要求和制订计划的要素。在学生个人制订计划和提纲时提供建议。
二、现场采访 根据采访计划和提纲，有礼貌地开展采访，做好相关记录。同时耐心地接受别人的采访。	教师以样例示范、组织讨论的方式，指导学生以记录关键词的方式记录采访内容，保证记录的效率和效果。

续表

项目步骤	教师支架
三、制作赞美信封 （一）明确制作赞美信封的要求 1. 汇总、分析采访信息，形成同学的优点 2. 组织语言，写在赞美信封上 3. 对信封进行适当美化 （二）制作赞美信封	以头脑风暴的方式，引导学生形成处理采访信息的步骤和方法。
四、开展赞美行动 送出赞美信封，张贴在该名同学的大头贴下，并当场大声读出赞美的内容，收到赞美的同学要有所回应。	
五、情感体验和分享 （一）将情绪记录在情绪体验表上 （二）小组交流 在以下情境中会有怎样的心情：在采访时，听到被采访者对6名同学的赞美；自己制作赞美信封；大声表达赞美之词；听到别人赞美自己。	

项目评价：

"赞美信封"活动过程评价表

姓名：（　　　）

评价标准	自评星级	互评星级
计划制订完整	☆☆☆	☆☆☆
现场采访有效	☆☆☆	☆☆☆
提炼信息准确	☆☆☆	☆☆☆
制作信封尽心	☆☆☆	☆☆☆
赞美行动真心	☆☆☆	☆☆☆

学生档案袋材料收集：

1. 赞美信封
2. 情绪体验记录表

遇到什么情况	我的情绪	我的感想
在采访时，听到被采访者对6名同学的赞美		
自己制作赞美信封		
听到别人赞美自己		
其他		

赞美信封上的内容来自学生自己的日常观察和采访。对于采访，教师要引导学生关注以下关键点。

关键点一：在制订采访计划时，被采访人的选定十分重要。考虑到一共要为6名同学逐一进行采访，被采访人人数要适中，太多，时间来不及，太少，信息不全面。被采访人以3个为宜，如被采访人太忙，可以再加一到两个候补人选。另外，在被采访人身份的确定上，要有意识选择和6个同学有交集的、对他们较了解的，如同桌、同组同学甚至是教师。

关键点二：汇总采访信息，首先进行筛选，剔除无关信息；其次进行分类，按相同或相似优点进行合并；再次进行提炼，用自己的文字概括成赞美的语言。

三、"幸运之骰"项目

真的有急得两眼冒火的！真的有乐得捧腹大笑的！学生们像被一份份精美的礼物施了魔咒，情绪跌宕起伏。正当如火如荼时，教师的一句"这只是个游戏，请大家把礼物归还小主人！"瞬间让所有涌动的情绪归零。不要让暂时的结果牵着鼻子走，大喜大悲都是不值得的。这个控制情绪的游戏真的好玩极了！

游戏结束后，编一编情绪小锦囊，在控制情绪上，大家各有妙招。不过谁的更受大家欢迎，更简单实用，通过评价指标，每个学生辩证地形成自己的观点。"幸运之骰"项目实施指南见表3-4。

表3-4 "幸运之骰"项目实施指南

建议时间：2小时	单元主题：情绪和管理	项目活动：幸运之骰
项目描述： 体验掷骰子获取礼物的活动，记录出现的情绪和相应的处理方法。通过组内讨论，形成"情绪控制"小锦囊。		
主要关联技能：思考技能（评价、辩证思维）		主要关联学科：道德与法治、体育
项目目标： 1. 愿意和同伴交流自己的情绪和相应的处理方法 2. 能够倾听同伴的情绪控制方法，了解他人的观点 3. 尝试和伙伴合作制定评价标准，并根据标准进行评判		

续表

材料准备：
教师：用于计时的工具（闹钟、沙漏或其他工具）
学生：1. 用于记录的纸和笔
     2. 用于体验活动的两份礼物（价格不要太高，但要求是学生心爱的或精心准备的）

作品结果表现方式： 学生个人"情绪笔记"、小组"控制情绪"小锦囊

驱动性问题：
一份礼物会引发怎样的情绪呢？怎么才能控制不同情绪？

项目步骤	教师支架
一、在游戏中体验情绪并记录（第一轮） （一）了解游戏规则 1. 出示游戏规则 准备好的礼物事先放置在桌子上。组员轮流掷两个骰子，如果掷出的两个骰子，正面朝上的数字加起来是双数，就可以为自己挑选一个礼物；如果不是双数，不可以拿礼物。以此规则进行游戏，直到桌子上的礼物都被挑走。第一轮游戏结束。 2. 通过讨论，确保每个组员明确要求 （二）进行第一轮游戏 （三）回顾情绪，完成"情绪笔记" 围绕"在游戏时碰到什么情况，出现了什么情绪，导致了什么状况发生"这几个要素，学生回顾情绪并进行记录，完成"情绪笔记"。	督促各小组按照规则进行游戏，但不干预学生出现的任何一种情绪，确保真实体验。在记录情绪时，引导学生将情绪描述得尽量详尽和准确。
二、在游戏中体验情绪并记录（第二轮） ★除游戏规则外，活动步骤同第一轮 游戏规则： 组员轮流掷两个骰子，如果掷出的两个骰子，正面朝上的数字加起来是双数，就可以从其他组员在第一轮游戏中得到的礼物里为自己挑选一个；如果不是双数，不可以拿礼物。以此规则进行游戏，第二轮的游戏时间为5分钟。	除提供第一轮中的支架外，要提醒小组控制游戏时间为5分钟。在记录时，引导学生重点记录和第一轮中不一样的情绪。

续表

项目步骤	教师支架
三、制定小组"情绪控制"小锦囊 （一）明确要求 在组员充分交流"情绪笔记"的基础上，讨论出现负面情绪时如何应对，确定小组最佳"情绪控制"小锦囊。 （二）制订计划 建议计划包含以下两方面。 1. 实施的必要步骤 组员交流"情绪笔记"，设计"情绪控制"小锦囊的评价表，交流评价情况，确定最佳小锦囊。 2. 分工 1名组织者（组织组员按一定顺序交流"情绪笔记"，有序有效讨论和评价）；1名计时员（每名组员交流"情绪笔记"不超过2分钟，讨论发言不超过半分钟）；1名记录员（汇总每名组员对"情绪控制"小锦囊的评价星数）；1名评价员（根据活动参与情况，对每名组员表现进行评价） （三）按计划开展组内活动	在制订计划阶段，根据案例示范的方式，指导计划不完备或有缺陷的小组进行修正。 设计"情绪控制"小锦囊的评价表非常重要，在小组讨论基础上，组织全班进行头脑风暴，形成以下评价标准：是否方便可行（步骤不宜太烦琐），是否行之有效（如有学生实践过确有效果，优先入选），是否容易记忆（小锦囊描述不超过10个字），是否保证安全。除此之外，小组可以增补认为重要的其他标准。表格的设计不求统一，各组可进行个性化设计。
四、交流分享 （一）每个小组交流"情绪控制"小锦囊 （二）根据标准进行评价，评选出3条全班最佳"情绪控制"小锦囊	

续表

项目评价：

"情绪控制"小锦囊评价表（小组互评）

参评小组：第（　）小组　　　　评价小组：第（　）小组

评价要素	星级
方便可行	☆☆☆
容易记忆	☆☆☆
保证安全	☆☆☆
行之有效	☆☆☆
有无其他亮点，请描述：	
总星数	

"幸运之骰"活动过程评价表

姓名：（　）

评价标准	自评星级	互评星级
准确完整记录	☆☆☆	☆☆☆
愿意分享讨论	☆☆☆	☆☆☆
基于标准评价	☆☆☆	☆☆☆
胜任负责工作	☆☆☆	☆☆☆

学生档案袋材料收集：

1. 学生"情绪笔记"

第一轮游戏：

遇到什么情况	我的情绪怎么样	我的处理方式是什么	导致什么情况发生

第二轮游戏（记录第一轮中没有遇到的情况）：

遇到什么情况	我的情绪怎么样	我的处理方式是什么	导致什么情况发生

2. 各组的评价表和"情绪控制"小锦囊

"幸运之骰"项目由游戏体验和制定"情绪控制"小锦囊两部分组成。

在进行游戏体验时，为了让情绪彻底生发，教师一定不能事先告诉学生礼物最后会交还回来。在游戏过程中，学生可能会出现较激烈的情绪，只要可控，教师尽量不干预。只有学生全情投入，把最真实的情绪表达出来，才可能在制定锦囊时更投入。

控制情绪没有统一的方法，同一种方法也不一定适用所有人。所以教师在学生制定锦囊时，要引导学生理解确定标准比确定具体锦囊内容更重要。只要符合标准，能有效控制情绪，就是好锦囊。

四、"翻叶子"项目

团队任务的完成，除了要团结互助、智慧共生，每个人的情绪也会对其产生影响。"翻叶子"这个项目在实际操作中，因为在关键时刻大家意见不统一，产生了消极情绪，不但没有渡过难关，还互生嫌隙，闹起了小矛盾。对此，教师又给了一次机会。这次，学生变生闷气、互不理睬为对话，变互相指责为理解万岁、冷静合作。最终，项目获得了成功。

前后两次尝试，学生的反省直击问题，他们基于失败的经历和现实的情况调整计划，选择更适合的行动方案。"翻叶子"项目实施指南见表3-5。

表3-5 "翻叶子"项目实施指南

建议时间：1小时	单元主题：情绪和管理	项目活动：翻叶子
项目描述： 小组根据活动规则，讨论并形成行动方案，在完成活动过程中体验情绪。		
主要关联技能：思考技能（应用）、自我管理技能（明智地选择）		主要关联学科：道德与法治、体育
项目目标： 1. 参与行动方案的讨论，能基于已有知识和经验，提出自己的想法 2. 能依据实际和有效意见确定行动方案 3. 愿意投入到方案实践中		

续表

材料准备：
教师：1. 两块轻便的大毯子（1.5米×2米，能站6个同学）
　　　2. 情绪体验单
学生：用于记录的纸和笔

作品结果表现方式： 翻叶子情绪体验卡

驱动性问题：
同学们，现在你们成了一群可爱的小蚂蚁，在森林中玩耍时遇险了，只有齐心协力把"叶子"翻过来才能脱险。你们可以一起来试试吗？

项目步骤	教师支架
一、热身活动：HAPPY六连拍 随着教师的6个节拍，学生做出6个表示快乐、开心的动作或表情。	配合单元主题，教师可以设计一些热身活动，调动学生情绪。
二、情境引入，了解活动规则 （一）教师讲述情境故事 在很久以前的一天，蚂蚁国王正带领着它的孩子在一片原始森林旅行。突然山洪暴发，洪水向小蚂蚁们袭来。在紧要关头，小蚂蚁爬上一片漂浮在水面的树叶。正当它们以为要脱离危险时，突然发现树叶的表面有一层厚厚的黏液。经验丰富的蚂蚁国王突然明白了，这层黏液有毒性，必须在5分钟内把叶子翻面，站在粗糙的另一面，才能脱离困境。于是，小蚂蚁们赶紧齐心协力，尝试翻叶子。 （二）小组讨论并明确活动规则 时限为5分钟；身体任何部位不能接触到毯子以外的物品，接触到地面就意味着被滔滔洪水给冲走了；被洪水冲走一只小蚂蚁，时间将倒扣1分钟。	教师设计的情境故事不但要努力营造让学生身临其境的真实感，更要巧妙地将活动规则融入故事情节中。
三、讨论并形成行动方案 （一）讨论行动方案 组员轮流发表意见，提出自己的建议；根据可行性保留合理的建议；形成统一的行动方案。 （二）明确分工	

续表

项目步骤	教师支架
四、第一次实践 根据行动方案，小组合作尝试"翻叶子"。	这个板块的学生活动由"形成方案—实践—修改方案—再实践"四个环节组成，教师需要引导学生通过讨论、实践等路径来不断调整、改善行动方案。
五、再次讨论并修改行动方案 根据第一次实践效果，修改或重新拟订行动方案，调整分工。	
六、再一次实践 根据修改后的行动方案，小组合作尝试"翻叶子"。	
七、情绪体验 （一）学生完成情绪体验卡 （二）学生在小组内分享交流自己的情绪	

项目评价：

"翻叶子"活动过程评价表

姓名：（　　）		
评价标准	自评星级	互评星级
主动参加讨论	☆☆☆	☆☆☆
建议具有可行性	☆☆☆	☆☆☆
适时调整方案	☆☆☆	☆☆☆
关注情绪体验	☆☆☆	☆☆☆

学生档案袋材料收集：

1. 情绪体验卡

"翻叶子"活动情绪体验卡

活动前	😌	😠	😮	😟	😃	○
活动时	😌	😠	😮	😟	😃	○
活动后	😌	😠	😮	😟	😃	○

2. 情绪体验记录

一组学生站在毯子上,他们要在最短的时间内把毯子翻过来,而且其间不能有人离开毯子。在这个综合考量脑力和体力的活动中,首先,教师要关注学生的活动安全,除了事前进行安全提示,活动时还要做好防护工作;其次,各组依据事实形成方案很重要,所以条件允许的话,可以多提供机会让各组进行实践,让学生在实际操作中加强对活动规则的认识,为修改行动方案提供依据。本项目实施指南中,安排了两次实践,建议在形成方案前再安排一次。

五、"情绪垃圾桶"项目

"小小少年,很少烦恼……随着年龄由小变大,他的烦恼增加了。"就像德国电影《英俊少年》的插曲《小小少年》中的歌词,看似无忧无虑的少年,却也是有烦恼的。有了烦恼怎么办?在这个项目中,学生尝试写下自己的烦恼,学习用一种简单而又方便的形式来处理这些烦心事。当然,方法不止一种,该项目真正的目的是鼓励学生直面烦恼,并且有意识地去排解,释放不良心绪。在这个过程中,学生通过不断思考寻找适合的排解方式,既需要自己领悟,也要在各种信息中进行甄别。表3-6列出了"情绪垃圾桶"项目实施指南。

表3-6 "情绪垃圾桶"项目实施指南

建议时间:1小时	单元主题:情绪和管理	项目活动:情绪垃圾桶
项目描述: 把自己最烦心的事写在纸上,再把这张纸销毁(乱涂乱画,揉掉,撕成碎片等),扔进垃圾桶。		
主要关联技能:思考技能(领悟、综合)		主要关联学科:道德与法治、语文
项目目标: 1. 能够直面自己的烦恼,并且能够准确地表达 2. 能够意识到烦恼是可以排解,甚至消除的 3. 能够用"情绪垃圾桶"或适合自己的方式来应对烦恼		

续表

材料准备：
教师：空白A4纸
学生：用于记录的纸和笔

作品结果表现方式： "无忧"小妙招

驱动性问题：
烦心事能不能像垃圾一样扔掉呢？

项目步骤	教师支架
一、"无忧"小妙招之"情绪垃圾桶" （一）回忆自己近来最烦恼的事情 （二）将自己的烦心事写在纸上 （三）交流销毁写着烦心事纸张的方法，并选择自己认为合适的方式（如撕碎、藏起来等）销毁这张纸 （四）情绪分享：体验完"情绪垃圾桶"后，你的心情怎么样？	当学生交流自己销毁写着烦心事纸张的方法时，教师可以组织学生讨论，分析不同方式的利与弊，给予学生引导。合适的情绪宣泄方式必须具有有效性、安全性。安全性指的是要能保护自己、他人和周边环境，避免引起二次伤害。 "情绪分享"环节教师要给予学生充分的机会来进行表达，帮助学生认识到烦恼是可以用合适的方法全部或部分排解的。
二、制定"无忧"小妙招 （一）组内确定"无忧"小妙招的标准：有效性、安全性、可行性（方便可行、容易采纳） （二）组内讨论"无忧"小妙招 （三）形成小组"无忧"小妙招	提示学生确定"无忧"小妙招的标准时可以借鉴"情绪垃圾桶"的标准。 引导学生从生活实际、体验"情绪垃圾桶"带来的启发、其他渠道等多方面进行思考。
三、分享"无忧"小妙招 （一）组内确定分享的方式、分工，做好准备工作 （二）每个小组分享"无忧"小妙招 （三）根据标准进行评价，评选出3条全班最佳"无忧"小妙招	

续表

项目评价:

"无忧"小妙招评价表(小组互评)

参评小组:第(　)小组	评价小组:第(　)小组
评价要素	星级
方便可行	☆☆☆
保证安全	☆☆☆
行之有效	☆☆☆
分享精彩	☆☆☆
有无其他亮点,请描述:	
总星数	

学生档案袋材料收集:
1. 学生设计的"无忧"小妙招
2. "无忧"小妙招评价表

在这个项目中,学生会对撕扯"烦恼纸"的做法感到特别新奇,因为日常生活中这个动作一般是被禁止的,所以学生容易因为兴奋而引发一些过度行为,带来安全隐患。所以,教师在评价"无忧"小妙招时,一定要引导学生把"保证安全"作为重要的评价标准,让学生了解好的情绪排解方式除了有效,必须保证自己和周边人的安全,不能以牺牲安全为代价。

六、"天马行空的短剧"项目

这个项目很经典,相信很多人在儿时玩过。几类看似普通的词语,经过随机搭配并串联起来,一下子变得天马行空、妙趣横生,往往能引来大家的哄堂大笑。通过体验,学生初步感受到幽默可以在某种逻辑性被破坏或加工后产生。在这个项目中,传统游戏后设计了拓展部分,学生要通过肢体语言和表情把想要表达的意思表现出来,提升幽默指数。这考验了学生对肢体语言和表情的充分运用能力和驾驭能力。表3-7列出了"天马行空的短剧"项目实施指南。

表3-7 "天马行空的短剧"项目实施指南

建议时间：1小时	单元主题：情绪和管理	项目活动：天马行空的短剧
项目描述： 每名组员分别写出：时间、人物、地点、怎么样、做什么、结果，再连词成句。小组表演，其他小组进行幽默度投票。		
主要关联技能：思考技能（应用、元认知）、审美技能（肢体语言和表情）		**主要关联学科**：语文、艺术
项目目标： 1. 能够根据"时间、人物、地点、怎么样、做什么、结果"六要素，写出具体内容 2. 表演时能充分借助丰富的表情和适当的肢体语言 3. 体会幽默能给人带来好心情		
材料准备： 教师：评价表 学生：用于记录的纸和笔，表演时的小道具		
作品结果表现方式：学生的幽默表演		
驱动性问题： 意想不到的组合会带来幽默吗？		

项目步骤	教师支架
一、分工撰写 （一）组内讨论明确六要素的具体指向：时间、人物、地点、怎么样、做什么、结果 （二）明确撰写每一类词语具体内容的要求：天马行空、出人意料、奇思妙想、与众不同 （三）组内分配，一个组员认领一类词语 （四）组员单独完成一类词语的撰写，至少写出5个	教师可以通过列举和示范的方式，引导学生明确内容撰写的要求，要想达到出人意料的幽默效果，一定要天马行空。
二、连词成句 每个学生给出自己写的一个词语，大家连词成句。以此规则进行下去，最后选出最幽默的一句话进行表演。	

续表

项目步骤	教师支架
三、幽默短剧排练 （一）组内讨论并确定表演的内容、形式、分工、道具，表演时间不超过30秒钟 （二）排练，准备道具	教师引导和鼓励学生借助夸张的动作和表情来表达幽默。
四、分享评价 （一）各组表演幽默小短剧 （二）利用评价表进行评价，评选出最幽默的短剧	教师通过设计评价表上的评价项目，来引导学生表达幽默。

项目评价：

"天马行空的短剧"评价表（小组互评）

参评小组：第（　　）小组	评价小组：第（　　）小组
幽默要素	幽默指数
剧情	☆ ☆ ☆
动作	☆ ☆ ☆
表情	☆ ☆ ☆
时间	☆ ☆ ☆
道具	☆ ☆ ☆
有无其他亮点，请描述：	
总星数	

学生档案袋材料收集：

"天马行空的短剧"评价表

这个项目操作简易，有两个关键点需要教师注意。一是学生在写每一类词时，对于词语的属性和指向要明确，如人物是指"谁"，是名词；做什么表示动作或者做一件事，是动词。不管哪类词，只有与众不同、意想不到才能达到效果。二是在学生评选组内最幽默的一句话时，教师要引导学生不是只评选好笑的，而是尽量选择有趣且意味深长的，提升幽默的品质。

第四节 "自我认识"中的学与教

在"自我认识"主题中，学生在创设的情境中探究自己以及自己和世界的关系。这对教师提出了更高的要求，教师的教学要以引导为主，关注学生的个体差异和真实感受，在必要时提供探究支架，不以让学生达成共识和形成标准答案为最终目的。

一、项目化学习中的学生参与：理解自己，善待他人

在"4+1"课程中，和"学生学会了多少知识"相比，"学生将成为怎样的人"更受到关注。"4+1"课程的培养目标是：希望学生成为拥有"DREAM"（梦想）的人。在"赞美信封"这个项目中，学生在体验被他人赞美的喜悦中从以自我为中心到生发出知人而有容的同理心；在赞美他人中从不善言辞到侃侃而谈。而empathy（同理心）和expression（善于表达），正是"DREAM"培养目标的内涵之一。

> **欣欣的赞美**
>
> 开展项目化学习当晚，有位家长在网上联系到我，说她今天非常感动。孩子奶奶告诉她今天在接孙子欣欣放学回家的路上，孙子对她说："奶奶，谢谢你每天都来接我放学，要走这么久，一定很辛苦吧！"在吃晚饭的时候，孩子说："爷爷你真厉害！你就是个大厨神！你烧的红烧肉真是太好吃了，我最爱吃了！"这位家长觉得自己的孩子平日里是比较内向的，不善于向他人表达内心的想法。但是孩子今天的改变很明显。后来在跟孩子的睡前聊天中了解到，这是因为今天在学校里完成"赞美信封"和"十秒钟"两个项目，他感受到了收获赞美心里是很开心的，与此同时，赞美别人其实自己的心里也是很满足的。家长很感谢学校有这样的课程活动安排。

这个案例很好地诠释了"4+1"课程对学生同理心和表达能力的培养。在项目实施时,教师对学生如何赞美做了项目式的活动,鼓励学生用各种形式表达内心的感受、情感和意图;让学生了解赞美内容要针对性强,不能泛泛而谈;表达赞美的时候,语调、表情、动作要有一定的感染力,让听者有真切感受。虽然我们无法得知案例中欣欣赞美时的表情、语气,但是赞美的内容非常贴切,特别说到爷爷是大厨神和自己太爱吃爷爷烧的红烧肉时,对爷爷高超的厨艺赞美溢于言表。

同理心需要换位思考,继而达到共情。案例中的欣欣不仅认识到赞美给自己带来的快乐,更是透过自我感受的迁移,认识到赞美会给很多人带来快乐。欣欣感受到了长辈为了家庭付出的辛劳,把感受化成实际行动,不吝啬赞美,由衷地表示感谢。正是项目活动中采取的"将心比心"等环节,加强了欣欣的共情意识,使得欣欣也开始思考他人会如何对待同一件事情,并进而表达自己心底最真实的感激之情。

二、项目化学习中的任务设计:创设生活情境

"必须把教学内容按时上完"还是"根据学生学习情况调整教学进度"?"在教师传授下掌握知识点"还是"在情境体验中自我建构"?这些问题一直困扰着教师,而不同的价值取向必定会影响课堂组织形式。在项目化学习中,教师对课程有相对自主权,可以根据学生的状态和需求,自主在学校提供的项目中筛选项目来实施。在课堂上,教师经常会考虑情境的创设问题,引导学生从已有的知识经验中,生长出新的知识经验。

倒空情绪垃圾

小安平时是一个特别调皮的孩子,有轻微逆反心理。这次,教师带领大家一起参加"情绪垃圾桶"活动,建议每个同学写下自己的烦恼,然后放进垃圾桶里丢掉。教师在班内巡视的过程中,不经意看到小安在纸上密密麻麻写了很多很多让自己生气和苦恼的内容。在接下来的情绪宣泄环节,小安表现得特别投入,用手撕、用脚踩,最后将纸揉成一团扔进垃圾

> 桶。这时,教师看到他如释重负,好像卸下了一个大包袱,露出平日里难得一见的笑容。在最后交流活动感受时,小安表示自己找到了一个调节情绪的好办法。

每个人都会有坏情绪的时候。更可气的是,这种坏情绪是无影无踪的,有时会堆积在人的心头。也许成人可以通过理智分析来调节这些情绪,可是小学生心智发展尚未成熟,缺乏适合的办法来疏导不良情绪。为了解决这个问题,教师首先创设了情境——谁愿意试试"情绪垃圾桶"这个方法,激发学生的探究欲望。接下来,教师的重要任务就是引导学生充分体验这个方法,除了撕碎纸条,允许学生用自己喜欢的方式处理写有烦恼的纸。最后,让学生用事实说话,说明坏情绪有没有缓解或消除,对自己的影响,这时选择性记忆即时启动,自然会在大脑中留下深刻印记。在情境中亲身体验,并把选择的权利交还给学生,这是项目化学习的常态。

三、项目化学习中的教师支持:支持个性化学习的教学智慧

"4+1"课程的学习内容开发以核心概念为内核,但是边界往往是模糊的。在学习时,如果学生有继续探究的意愿或者个性化的需求,那学习内容可以为学生拓展或者延伸,教师也需要为此提供更多的支持。这对教师来说要求较高,如何回应学生的需求、开发后续的学习内容考验着教师的教学智慧。不过教师设计的拓展活动针对性强,往往会收到意想不到的效果,这也许是对教师额外付出的回报吧。

> **磨炼脾气**
>
> "孙老师,你看我这次写的作业,行吗?"
>
> "嗯,很不错,很高兴,这周的作业你每次都能一次过关啦,真心为你的进步感到高兴,这是送给自己最好的圣诞礼物,不是吗?"
>
> 辰辰是我们班级里一个个子矮小脾气却超级大的男生,他还有一个

特点就是有"让人一眼就能记住"的字迹，不过是因为书写超级潦草、脏乱。就是这样一名学生，就在三年级上学期结束之前，悄然发生了改变。

故事还要从我们的"情绪和管理"项目化学习开始说起。这天课上要排演一段小品，需要一名学生来演爱发脾气的人，辰辰这组内的同学一致推选他来演，辰辰爽快地答应了。排演很顺利，辰辰演的是一个从小爱发脾气的孩子，长大以后成为一名怪诞科学家，爱发脾气的性格最后使得这个科学家在一次不顺利的实验中受伤住院了。

课后，辰辰主动找到我，问我有没有可以改变脾气的办法。我想了想，告诉他说："我倒是有个好办法，就怕你不敢试。你听说过'字如其人'这句话吗？就是说一个人写出来的字会受到他的性格脾气的影响，反过来，字的好坏也能够影响人的脾气。""啊！要叫我练字啊，让我想想吧！"

接着，就发生了案例开头的故事。在一次次练字的"磨炼中"，辰辰急躁火暴的脾气得到了改变，他能仔细认真地观察字形结构，也慢慢能够耐心地听人讲话，好好地回应别人给他提出的要求了。

戏剧表演，讲别人的故事，演别人的人生。戏中，塑造他人的形象，戏外，引发对自己的反思。在这个案例中，学生的反思引发了孙老师的教学智慧。通过"字如其人"的暗示，教师为辰辰设计了个性化的学习内容，通过静心练字来磨炼心智，平缓情绪。而同时，辰辰的学习时空也由课堂拓展到了课外。无边界的学习内容，为学生打开了广阔发展的通道。

四、项目化学习中的师生交往：感受"自黑"的力量

"自黑"就是自嘲，和幽默比起来，更具挑战。

以下案例中出现的"自黑"，既有教师的"自黑"，还有学生们的"自黑"。这两种"自黑"给课堂上教师和学生的角色带来了化学反应般的改变，营造了轻松和谐的课堂氛围，师生沟通的渠道变得更加畅通了。

> **自黑的力量**
>
> 　　课堂上，作为老师的我先拿自己开涮："老师的杯子有话要说，每天你都在教室里上课，却把我一个人扔在办公室里，倒了水也不喝，我的肚子快被撑爆了！"话音刚落，教室里爆发出阵阵笑声。接下来，连拖拖拉拉的孩子都举起了小手，摇身一变成了自己凌乱的铅笔盒、边边角角卷得像咸菜干的课本，数落起小主人来，教室里顿时变成了欢乐的海洋。"自黑"过后，孩子们意识到自己应该爱护自己的物品，它们如果能说话，小主人一定免不了它们的一顿奚落。那天放学，我发现了不少孩子在悄悄抚平卷角，默默把自己的铅笔盒整理干净。谁说"自黑"不好，我觉得"自黑"也能带来意想不到的力量。

　　教师的"自黑"首先给学生做了一个很好的范例，学生可以进行模仿。更重要的是，打破了教师课堂权威者的一贯形象，移除了师生之间的屏障。原来老师那么幽默、好玩呀！在学生们的欢笑中，教师的姿态降低，以引领者、合作者、参与者的身份融入项目化学习的教学中。

　　学生的"自黑"，看似"自毁形象""自我嘲讽"，有些难为情，不过在教师带头"自黑"下，没有什么好顾忌的。而且这种方式，能够直面自己的问题，未尝不是一种自省的好方法，用幽默的语言委婉地提醒自己是时候改正缺点了。

五、项目化学习中的评价：从"单线"到"交叉互动"

　　评价在项目化学习中通常不会扮演甄别学生的角色，也不以把学生分成三六九等为目的。在项目化学习中，你看不到学生翘首期盼教师统一评判的结果。学生兼具评价者和被评价者的身份，既要积极参加项目活动、提供作品，同时是评价的主体。评价的标准不全由教师制定，更多时候是根据活动目标由学生参与共同制定。评价标准不再局限于对和错的区分，更多涉及能力、方法等综合因素。在评价形式上，不再是一个学生和一名教师之间一对一单线勾连，而是呈现出学生点对点的交叉互动，评价活动在学生间流动起来，使得评价的过程生动起来。

> **贴赞美贴纸**
>
> 终于到了最激动人心的时刻——贴赞美贴纸。孩子们一个个小心翼翼地捏着手中的贴纸，走到想赞美的同学的海报边，仔细地撕下贴纸，轻轻贴在海报上，还拿小手把贴纸抚平。贴的同时，小眼睛也在偷瞄自己的海报，看看自己有没有收到同学的赞美。

"你想知道同学们是怎么评价你的优点的吗？" "你又该如何准确评价身边的伙伴？"这令人想起期末时班主任老师写的学生评语。可是，大家一定更在意自己在大伙儿心目中是怎样的。在这个案例中，学生手中的赞美贴纸上写着对同学的赞美。想赞美谁，不做统一安排，而是学生自由选择，看看谁的人气最旺。想赞美什么，没有统一标准，但必须通过日常观察和采访获得，保证评价的客观和真实。在这个活动中，每个学生在评价他人的同时，也接受他人对自己的评价。

本章结语

由于年龄增长、身份变化、和外部的互动方式变化等诸多因素的影响，每个个体对自我的认识始终处在动态的构建中。在小学阶段，"自我认识"主题的整体定位是尽可能为学生提供和分科学习不一样的学习经历，引导学生在各种好玩项目的探究中，逐渐建立起对自己基本的认知，包括身体的结构和各系统、情绪的认识和管理，用多样的方式关注并探讨人类共同的问题。

在课程的实施中，越来越多的学生能在开放的状态下呈现自己，悦纳当下的自己，哪怕是不完美的，也乐意为了更好的自己而悄悄做出改变。也许，这就是课程设计的初衷。

"翻叶子"项目中学生正在游戏

"赞美信封"项目中的学生作品

"幸运之骰"项目中学生正在掷骰子交换礼物

跨学科的项目化学习：
"4+1"课程实践手册

第 四 章

自我表达：在呈现自己中引发共鸣

　　"自我表达"课程旨在引导学生通过语言、表情、艺术、信息技术等多种方式表达自己内心的情感、思想、观点，向外界传递和分享自我独特的信息，引起他人的共鸣。

第四章 自我表达：在呈现自己中引发共鸣

世界上的每一样事物都在自觉或不自觉地表达自己，正是事物间的不断表达组成了错综复杂又精彩纷呈的世界。

儿童的自我表达其实体现着他自我认知的水平，儿童如何理解自己、理解他人、理解身处的环境，都影响着他的自我表达。在本单元的学习中，各种项目设计的目的都是探索儿童表达的多样可能，他们以对外呈现的形式完成了对内理解的过程。不同年龄段的儿童选择适合他们的方式，由简入难、由浅到深地尝试各种表达方式，最大限度地在不同群体之间获得共鸣。

第一节 "自我表达"是什么？

自我表达旨在运用各种可能的手段和途径向外界展现并表述自己，从而达成与他人的联结和相互理解。表达的形式可能是直接的，也可能是间接的，每一类都可以多种多样，但无论是哪一种形式，都是为了借由外在抵达内在，最终在不同的个体间达成共识。

不仅表达的形式多种多样，表达者的态度也可以因人而异；此外，在科技高度发达的当下社会，表达的手段可以上天入地，表达的内容也可以稀奇古怪。总而言之，只要向他人传递自己的信息，并在一定程度上取得共识，表达的形式和内容都可不拘一格。而在取得共识的路上，并非每次都那么顺利。

一、现场

> **一场由"打人"引起的真实辩论**
>
> 一次，学校举行"奇葩辩论赛"主题活动，起先活动按部就班地进行着，不曾想，活动还没全部结束，课堂上却另生"奇葩"。
>
> 一个学生走到另一个学生身旁，拍打了他，下手不重，但确实是一

次"出手"。于是,寻常的课堂被炸开了锅。"你为什么打我?""因为你违反了课堂纪律。""你打人是不对的!""我这不算打人,我是要提醒你,谁让你违反纪律呢!""你这种提醒的方式也是违反纪律。"……被拍打者不服,两人起了争执,围观的学生纷纷"站队"并陈述自己的理由。一方认为,打人肯定是不对的,即使只是拍打;另一方认为,违反了纪律,用一种稍微严厉的方式(即拍打)去阻止,也未尝不可。双方均自认有理,相持不下。

  最好的经验来自鲜活的生活,有教学机智的老师擅长见机行事。只见老师灵机一动,让支持方和反对方分别组队,形成正反两方,就各自的观点展开一场辩论。

  起初,不少学生认为,打人虽然不对,但是用拍打的方式提醒或制止违反纪律的同学也不算错。可是,反对方一直坚持只要是"打"就不对,不管出于什么样的动机。慢慢地,支持方一部分学生开始动摇,直至转移了阵地。最后,支持方只剩下两名学生,与反对方的人数形成了悬殊的对比。

  看着自己的阵营实在是势单力薄,支持方中仅剩的两名男生中的一名也开始动摇,"孤独"地坚持己见让他越感不安。但是,他又隐约觉得该勇于坚持自己的观点。于是,两舌战群舌,双方说到激动处,手舞足蹈,辩得热火朝天。

  老师促成这场临时辩论赛的初衷,在学生们激烈的交锋中完成了,那就是:输出自己的观点,倾听别人的观点,让正确的观点在相互碰撞中沉淀下来。

  这是一年级"自我表达"主题的一个活动——"奇葩辩论赛",它包括有准备的辩论和现场临时兴起的辩论。一个在真实情境中生发的辩题,引发了一场淋漓尽致的辩论,学生们穷尽各自的语言和肢体动作,基本实现了自我表达的意义。

  这场辩论赛的输赢已不重要,立场在白热化的你一言我一语中逐渐明晰，他们隐约觉得黑白之间并非有一条鲜明的界限。学生们在这场突如其来的辩论中体验到了现有水平下自我表达的极限。

一年级学生的自我表达能达到这样的水平，说明他们已经习得一定的表达技能，同时部分地懂得换位思考。这些都体现了表达的魅力，也是人与人之间获得相互理解的可能。

二、如何理解"自我表达"？

自我表达是什么？简单地说，就是向他人呈现自己，以期引发对方的共鸣。呈现的方式有很多种，语言、舞蹈、美术、表演、信息技术等都可包含在内。为什么要向他人表达自我呢？因为人基于对世间万物的理解、对万物间关系所持的立场，形成个性化的观点和思想，这些观点和思想需要借助某些媒介向外传递，让他人知晓，并在与他人的交流中得到矫正和升华。

对小学生来说，自我表达意味着什么？他们可以从各种活动中体验到，要把自己内心的想法传递给别人，有很多不同的形式可以达成，根据所要表达的内容的难易程度，可以匹配相应的或简单或复杂的媒介。在不同的年龄阶段，尝试体验不同的艺术表达形式，一方面是深度介入艺术本身，另一方面是展现真实、深刻的自我，并通过不同个体间的相互交流与合作来实现彼此认同，这种认同又促进自我反思。

所以，自我表达在小学阶段主要是借助各种形式和手段给学生提供表达自己的机会，从低年级到高年级的主题依次是：肢体与语言，音乐与舞蹈，绘画与文字，戏剧与表演，数字公民与自媒体。不同年级的内容各异，但都聚焦相同的核心技能。

（1）思考技能。透过事物的表象及各事物之间的关系认识事物的本质，联系自身经验加以整合形成自己的看法。

（2）交流技能。交流是不同个体间达成相互理解和合作的必要能力。

第二节 "自我表达"的项目结构

根据不同年段学生的身心发展特征和探索世界的方式,"自我表达"的内容也从简单到复杂、具体到抽象递进,对应在各个年级上,分别指向不同的任务。

一、"自我表达"的年级主题

"自我表达"究竟促进学生哪些方面的探索和发展呢?可以这么概述:探究我们发现和表达观点、情感、文化、信仰与价值观的方式;丰富我们反思、扩展、享受创造力的方式;同时提升审美与鉴赏能力。

具体而言:一年级仅用口头语言和肢体语言来传达简单易懂的信息;二年级开始使用最原始的艺术形式——音乐与舞蹈来展现内心活动;三年级运用相对抽象的艺术形式——绘画与文字来间接地表达想法和观点;四年级则投入到较为复杂的戏剧与表演中,借助所扮演的角色的语言、行为、表情来表达自己的思想;五年级开始触及数字世界和自媒体,体验科技进步带来的新的表达方式。表4-1列出了一至五年级"自我表达"的主题及其内涵。

表4-1 一至五年级"自我表达"的主题及其内涵

年级主题	主题内涵
一年级:肢体与语言	第一印象的作用; 表情和肢体语言可以向外界传达信息; 用语言表达自己的思想; 礼仪帮助我们更好地与人沟通。

续表

年级主题	主题内涵
二年级：音乐与舞蹈	体验音乐的不同表现形式； 运用各种工具简单地编曲； 形体训练可加强集体神经系统的功能和大脑的工作能力。
三年级：绘画与文字	绘画与文字结合能更生动地描述和表达生活； 绘本的概念以及制作方法； 章节书的改编。
四年级：戏剧与表演	剧本的创作； 角色的扮演能力，用各种戏剧表现形式的集合来叙事。
五年级：数字公民与自媒体	数字公民的素养； 自媒体的特点、制作、平台、传播和影响； 在虚拟环境中的道德和责任。

二、项目结构：以一年级为例

以一年级"自我表达"中的"肢体与语言"为例进行介绍。

刚进入小学的一年级学生只能通过简单的语言和肢体动作来表达自己的想法或情绪，更为间接和复杂的方式对他们来说有难度，可感的形象、具体的动作、直接的语言是他们常用的方式。基于他们的身心特点和生活经验设计的内容，可以称为自我表达的初级阶段。"第一印象""礼仪"这些主题跟一年级学生的在校生活很贴合。具体来说，一年级"自我表达"中的"肢体与语言"旨在通过以下这些方面让学生体验自我表达所要凭借的外部条件和内在要素。

1. 第一印象的作用

好印象是如何炼成的？形成正面印象的关键要素是什么？不同的场合如何选择得体的服装？

通过这些活动，让学生了解与陌生人见面之前，如何打造自己留给别人的第一印象，因为第一印象会影响人与人之间的后续交往；一个好的印象的基本要素和实施细节包括哪些方面，如何对应到日常生活当中。所以，这部分对应的项目是：

- 我的组员们；
- 小组拼人气；
- 第一印象的要素；
- 印象色彩；
- ……

2. 表情和肢体语言可以向外界传达信息

一个新闻发言人的面部表情应该是怎么样的？如何根据人物的表情推断人物的内心活动？如何给不同情绪体验配上合适的表情包？如何看懂哑剧表演的内容？等等。

这部分内容侧重表情和肢体语言的协调搭配，旨在让学生知道，非语言的方式也可以表达自己，从而达成人与人之间的相互了解。这部分内容包含的项目有：

- 班级新闻发言人；
- 读心神探；
- ……

3. 用语言表达自己的思想

语言是信息传递的主要载体，语言的流动实现了人与人之间的交流。通过活动旨在让学生明白，语言表达不仅是为了人与人之间互通有无，更重要的是可以输出自己的观点和思想。

你一句我一句的故事接龙，内容上要连贯，事先不能预料会接出什么样的故事，每个学生都有自己的奇思妙想；对同一个客观物体或艺术作品，不同学生会看出不一样的东西，背后都有各自的想法；辩论中，不同观点碰撞的同时，也使学生达到自我表达的巅峰状态。这一部分具体的项目有：

- 故事大王；
- 强词夺理；
- 奇葩辩论赛；
- ……

4. 礼仪帮助我们更好与人沟通

什么样的笑脸最让人舒心？什么样的坐姿看起来最有教养？不同场合会有哪些特殊的言行方面的约定？让学生去表演，相互观察，得到行为举止方面的训练。礼仪体现在一个人的用语、体态、动作上，从"知道"到"做到"，必然要经历实际操练的过程，这些训练就是让学生在行动中巩固礼仪。对此，安排以下这些项目支撑这个方面的内容：

- 微笑大使；
- 坐立行大比拼；
- 礼貌用语；
- 礼仪大拷问；
- 礼仪训练活动；
- ……

以上各个方面的活动都是在遵循学生语言发展规律的同时通过语言之外的加持，提升学生运用语言思考的能力、与人沟通的能力和社会交往的能力，这是自我表达的初衷，也是目标。

第三节 "自我表达"项目群：以一年级 "肢体与语言"主题为例

一年级学生的自我表达只涉及较为浅层的内容，主要目的是帮助刚进入学校进行正式学习的儿童认识自己和他人，知道用什么样的语言、语气、表情、姿势说话更容易让对方接受。通过设计的层层递进的活动，让学生慢慢懂得：什么样的言行会给别人留下好印象，在不同场合穿什么样的服装才得体，学习礼仪先从规范的坐立行做起，等等。

本章选择三个部分中的六个项目来说明一年级学生在自我表达中的探索，即第一部分中的"我的组员们"，第二部分中的"班级新闻发言人"和"读心神探"，第三部分中的"故事大王""强词夺理"和"奇葩辩论赛",这些项目围绕心理推导、表达技巧、交流机智展开,学生在活动中学会察言观色、知己知彼,绞尽脑汁"编排"理由,争分夺秒"攻击"对手,以此锻炼语言组织和口语表达能力。

一、"我的组员们"项目

这是第一部分"第一印象的作用"中的一个游戏,通过罗列表示正面形象和负面形象的词语来衡量一个人在另一个人心中的印象,以此来告诫自己如何做一个给别人留下美好的第一印象的人,以及了解这些美好的第一印象主要体现在哪些方面,最后据此来描述对每一名组员的印象。表4-2列出了"我的组员们"项目实施指南。

表4-2 "我的组员们"项目实施指南

建议时间:1小时	单元主题:肢体与语言	项目活动:我的组员们
项目描述: 分别选择三个印象关键词来描述对每一名组员的印象。汇总所有组员对某一名组员的印象关键词,获得积极印象关键词加一分,反之减一分,得分最高的学生为Leader。		
主要关联技能:思考技能、交流技能		主要关联学科:美术、语文
项目目标: 1. 能够在不伤害他人的情况下陈述自己的意见 2. 能够关切地倾听他人的话语 3. 能够理性地对待当前的情况 4. 能够适当地承担责任,处事公正		
材料准备: 教师:组员印象表 学生:铅笔		
作品结果表现方式:组员印象表		
驱动性问题: 你想知道你在别人心目中是怎样的一个人吗?		

续表

项目步骤	教师支架
一、进入印象情境 （一）教师引导 第一次见到一个人，对这个人的感觉叫作"第一印象"。我们已经知道了许多描写印象的词，谁能来说出一两个？ （二）学生交流印象关键词：美丽、亲切、渴望…… （三）教师引导 大家都知道很多描写对一个人印象的关键词，老师这里也罗列了许多印象关键词，一起来读一读。 （四）学生齐读关键词 （五）教师引导 读了这些词语，你们有什么发现呢？学生发现左侧一列为正面印象关键词，右侧一列为负面印象关键词。	引导学生理解正面印象和负面印象的区分。
二、根据印象词语，填写组员印象 （一）教师引导 真棒！你们观察得很仔细。这次老师要看你们是不是能对一个人做出客观的印象评价，请你们各自选用PPT上的三个印象关键词来描述对一名组员的印象，这次不是写"第一印象"了，而是你和这个人相处到现在，这个人现在给你留下的最深刻的印象，你对他有什么感觉，把它填写在你们的"组员印象表"上。注意：正面印象填写在第一栏，负面印象填写在第二栏。（只填序号） （二）以小组为单位进行印象关键词填写 （三）全班交流印象关键词	

续表

项目步骤	教师支架
三、计算组员得分 （一）教师引导 大家都顺利完成了印象关键词的填写，现在请你们算出每一名组员的得分。第一栏的正面印象，你数到有几个字母就在"加减分"一栏写上"+"几，比如正面印象填了"B、C"，那就在"加减分"一栏写"+2"。相反，数到负面印象有几个字母就相应在"加减分"一栏写"-"几。最后，在总体印象一栏写上你的运算结果。不明白的同学请看PPT上的这个例子，组内相互帮助算出最后得分，得分最高的学生为小组Leader。 （二）教师检查小组运算结果是否正确 （三）教师公布每一个小组的Leader	一年级学生的计算易出错，教师要帮助学生检查计算情况。
四、教师做总结 （一）表扬每一个能够做出公正的印象评价的小组 （二）表扬每个小组的Leader 表扬他们获得了最多的正面印象，说明很多人喜欢和他（们）相处，他（们）肯定是有很多优点的人，受到了大家的欢迎。这也离不开他们的自我修养，教师鼓励他们继续努力。 （三）鼓励所有学生努力成为负面印象为0的人 教师提醒学生要时刻注意自己的言行举止，平时要乐于帮助他人、为人谦虚、待人友善，提高自己的各方面修养，如此才能给别人产生正面印象。 （四）区别"第一印象"和"印象" "第一印象"是第一次见到这个人的时候怎么看他； "印象"是现在怎么看这个人。	注意学生对"印象"的理解，在填写前要复习"第一印象"的概念，区别"印象"和"第一印象"。 正确引导学生对团队Leader的理解，在树立榜样的同时也要关注班级其他学生的感受。

续表

项目评价：

组员印象表（互评）

小组组号：（　　）			
组员姓名	组员印象	加减分	总体印象
	正面印象		
	负面印象		
	正面印象		
	负面印象		
	正面印象		
	负面印象		
	正面印象		
	负面印象		

留给我们印象最好的是：

他（她）就是我们的Leader！

学生档案袋材料收集：
组员印象表

在做这个任务时，教师需要提醒学生注意的是，区别"第一印象"和"印象"的含义，在充分理解了"第一印象"的重要性后，才会明白"印象"的意义。印象有正面和负面之分，对应的分值便有正数和负数之别。在相互评价时，如何客观而公正地评价他人也是考验学生理性能力的时候，要让学生学会在给别人负面评价的同时考虑别人的感受。

二、"班级新闻发言人"项目

该项目是一种模拟游戏,让学生通过观看视频来了解一名合格的新闻发言人应该具备哪些基本条件,即归纳出第一印象的五大要素。结合这五大要素,练习调整自己的表情和肢体语言,先是自由练习,然后组内互评,最后计算得分,评出能代表班级的新闻发言人。在实际练习中,每一名学生都从细节中体会到表情和肢体语言是如何传递信息的。表4-3列出了"班级新闻发言人"项目实施指南。

表4-3 "班级新闻发言人"项目实施指南

建议时间:3小时	单元主题:肢体与语言	项目活动:班级新闻发言人
项目描述: 通过情境创设,选出班级的新闻发言人。		
主要关联技能:思考技能、交流技能	主要关联学科:语文、道德与法治	
项目目标: 1. 能够了解第一印象的五大要素 2. 能够分辨声音的强弱、高低 3. 能够借用脸部丰富的表情来帮助自己传情达意 4. 能够热情地与同学交流并耐心倾听		
材料准备: 教师:1. 新闻稿 　　　2. 小组新闻发言人评价表 　　　3. 星星贴纸 　　　4. 用于计时的工具		
作品结果表现方式:班级新闻发布会		
驱动性问题: 如何当一名合格的新闻发言人,为班级播报新闻?		

续表

项目步骤	教师支架
一、观看视频，了解主播 （一）观看新闻主播播报新闻的视频 （二）学生根据视频内容，讨论主播的特质，引出第一印象的五大要素 （三）教师通过引导，帮助学生归纳出第一印象的五大要素 第一印象的五大要素包括外表和气质、表情和视线、声音和说话方式、姿势和动作、说话的内容。	根据学生的讨论内容，引导学生观察主播的各种特点（声音、面部神态、身体形态等），并能通过学生示范等互动方式帮助学生归纳出第一印象的五大要素。
二、体验新闻发言人角色 （一）小组每人得到一篇新闻稿（新闻稿内容需根据学生认知水平进行设计），选择一条自己想播报的新闻，自由练习10分钟 （二）学生依次在组内播报新闻 （三）根据第一印象的五大要素，组内互评，完成小组新闻发言人评价表。汇总信息后，选出班级新闻发言人	帮助学生用沙漏或小闹钟来进行时间管理。
三、培训班级新闻发言人 （一）根据五大要素，组内讨论播报细节 1. 外表和气质：上衣的扣子全扣好，绿领巾戴正，头发梳理整齐 2. 表情和视线：保持微笑，嘴角上扬，视线和台下观众对视 3. 声音和说话方式：声音洪亮，播报流利，语速适中 4. 姿势和动作：头放正，肩放平，保持立正姿势 5. 说话的内容：表达流畅，内容简洁，条理清晰 （二）根据讨论结果，以各种方式培训新闻发言人 培训方式包括组内示范、同伴互助、对镜练习等。	教师可以提供核心要点支架，帮助学生归纳、概括要点。
四、展示、总结 （一）每组新闻发言人依次上台播报新闻 （二）发给每个学生三张星星贴纸，贴在最佳新闻发言人身上 （三）统计票数，评选出最受欢迎的新闻发言人 （四）大家谈参加活动的感受 在日常的待人接物中，要注意五大要素，这样才能给人留下好印象。	在小组表达前，教师将相应的重要评价规则写在黑板上，教师引导学生观察和记录每个小组在表达过程中的表现。在每组表达结束后引导学生相互评议。

续表

项目评价:
1. 班级新闻发言人奖状(星星贴纸互评)
2. 小组新闻发言人评价表

要素	星级
外表和气质	☆☆☆
表情和视线	☆☆☆
声音和说话方式	☆☆☆
姿势和动作	☆☆☆
说话的内容	☆☆☆
总评	

学生档案袋材料收集:
1. 小组新闻发言人评价表
2. 奖状

有声的表达很重要,无声的观察和聆听同样重要。在这个游戏中,教师要引导学生在观察和聆听别人的基础上整理自己的想法,从而提高自己的精准表达能力。在自由练习中,学生容易过于投入而忘却时间,教师可以借助沙漏来引导学生进行时间管理,让他们知道,无论是语言或肢体表达,还是对时间的控制,都需要拿捏分寸。

三、"读心神探"项目

这个项目旨在让学生学会通过观察人物表情和肢体语言来推测人物内心活动。"神探"是能引发学生兴趣的角色,通过读懂别人的表情和动作来推测意思,足以让学生摩拳擦掌、跃跃欲试。这个游戏是表演成语,这些成语基本能由面部表情来表现,辅之以部分动作,充分实践了"表情和肢体语言可以向外界传达信息"的功能。表4-4列出了"读心神探"项目实施指南。

表4-4 "读心神探"项目实施指南

建议时间:4小时	单元主题:肢体与语言	项目活动:读心神探
项目描述: 活动一:观察人物不同表情,猜一猜当时的心情。 活动二:根据给出的7个描写表情的成语,组内所有成员逐一表演,再推选一名组员在班级内表演。 活动三:设计一套属于自己的表情包。 活动四:把秘密纸条上的内容用表情和动作表现出来,但不能用语言。其他同学根据表演猜一猜内容。		
主要关联技能:思考技能、交流技能		**主要关联学科:**艺术、语文、戏剧
项目目标: 1.能够借用身体的各种动作和脸部的丰富表情来传情达意 2.能够用准确、恰当的肢体语言辅助人们更好地交流 3.能够关切地倾听他人的话语 4.能够在不伤害他人的情况下陈述自己的意见 5.能够听取他人的意见,讨论各种观点想法,达成一致意见		
材料准备: 教师:人物各种表情的图片;成语纸条;表情包绘画纸;自制表情包互评表;秘密纸条 学生:用于制作表情包的绘画工具(建议用彩色铅笔)		
作品结果表现方式:制作完成的表情包		
驱动性问题: 你想做一个能通过表情和动作猜出别人意思的神探吗?		

项目步骤	教师支架
一、活动一 (一)教师引导 表情是人们传情达意的一种最直接的方式,可表现在面部或姿态上。人的表情主要有三种方式:面部表情、语言声调表情和身体姿态表情。不同的表情表达了不同的内心想法。 (二)出示各种脸部表情特写图片 小组通过1分钟的讨论,确定所看到的表情表达了怎样的心情。 (三)出示答案,小组可累计积分 分高的小组可进行刷章评价。	

续表

项目步骤	教师支架
二、活动二 （一）出示7个描写表情的成语词条，小组组员轮流朗读词语 （二）小组成员根据理解，交流对7个成语词条的理解，即这些词语分别表达了什么感情 （三）各小组交流每个成语词条的含义 （四）每人根据词条的含义自由练习，通过表情或动作表演出这些词条的含义 （五）组内交流展示，选出2名表情丰富、演绎到位的组员 （六）按顺序让挑选出的小组组员进行展示 每组演2个词条，其余小组猜，猜对的小组加分，同样展示组也可以加分；反之，猜错组与展示组都不得分。	教师可通过解释词语或创设情境的方式，帮助学生理解成语含义，这样学生对成语意思的把握会更准确。
三、活动三 （一）教师引导 人的表情分为积极表情和消极表情。 教师解释积极和消极的含义。 （二）出示14个成语，小组讨论哪些是积极表情，哪些是消极表情 参考：①愁眉苦脸（消极）；②怒火中烧（消极）；③眉飞色舞（积极）；④垂头丧气（消极）；⑤大惊失色（消极）；⑥嫣然一笑（积极）；⑦破涕为笑（积极）；⑧捧腹大笑（积极）；⑨唉声叹气（消极）；⑩幸灾乐祸（消极）；⑪苦思冥想（积极）；⑫平心静气（积极）；⑬笑容可掬（积极）；⑭全神贯注（积极） （三）教师公布答案 （四）教师出示各类表情包（卡通形象、蔬菜、人物等），学生个人设计一套属于自己的表情包 （五）组内展示各自的表情包，完成自制表情包互评表	教师可创设情境，创编一段话，将积极和消极的词语运用其中，并让学生通过情境表现出各种不同的表情，如此能够帮助他们理解词语，也对制作个人表情包有帮助。

续表

项目步骤	教师支架
四、活动四 （一）教师表演一个场景，学生猜测教师想表达的内容是什么 （二）教师给每组一张秘密纸条，纸条上的内容是一个场景，小组通过讨论，安排个人或集体将纸条上的内容通过表情和动作表现出来 （三）各组在其他组面前展示表演，其他组猜测表演组想表达的信息内容 越接近真实内容的小组表演越到位。猜对的小组和表演组均可加分，反之，不得分。	对一年级的学生来说，要进行多内容的表演有一定的难度，这要求教师在学生准备时对学生有所指导。

项目评价：

自制表情包评价表（互评）

组员	完成度	色彩鲜明度	实用性	总评
	☆☆☆	☆☆☆	☆☆☆	☆☆☆
	☆☆☆	☆☆☆	☆☆☆	☆☆☆
	☆☆☆	☆☆☆	☆☆☆	☆☆☆
	☆☆☆	☆☆☆	☆☆☆	☆☆☆
	☆☆☆	☆☆☆	☆☆☆	☆☆☆

学生档案袋材料收集：

1. 自制表情包
2. 自制表情包评价表

这个活动的难点在于，成语都是抽象的，而肢体动作必须是具体的。以一年级小学生的抽象思维能力来说很难表演到位，这就需要教师创设情境，在出示成语后以语言或动作的形式做一些铺垫，以便学生能够顺利得出答案。通过活动无论是表演的一方，还是猜测的一方，都明白了语言、表情、动作只是载体，目标是猜出最终的意思，而意思本身才是自我表达的初衷。

四、"故事大王"项目

这个项目比拼的不是某个人说故事的能力，而是考验一组人接续、创编故事的才能；体现的不是背诵水平，而是临场发挥的语言和逻辑水平，可以考查学生最为真实的表达能力和思维能力。这期间，不仅可见一个小组的表达能力，而且也是小组合作能力的高度凝练。表4-5列出了"故事大王"项目实施指南。

表4-5 "故事大王"项目实施指南

建议时间：4小时	单元主题：肢体与语言	项目活动：故事大王
项目描述： 第一个组员说出一个词语，第二个组员接着说出一个词语，必须和前一个组员说的词语连贯起来且合理，第三个组员说的词语必须和第一、第二个组员说的词语连贯起来……以此类推。说的内容最多、最连贯的小组为"故事大王"小组。		
主要关联技能： 思考技能、交流技能	**主要关联学科：** 语文	
项目目标： 1. 能够关切地倾听他人的话语 2. 能够用连贯的话表达自己的想法，提高语言表达能力 3. 能够提高团队合作能力		
材料准备： 教师："故事大王"小奖状		
作品结果表现方式： 班级"故事大王"展示会		
驱动性问题： 如何利用词语来编一个属于你们小组的独一无二的故事？		
项目步骤		教师支架
一、活动规则介绍 （一）出示活动名称，齐读 （二）解释活动内容 不是个人和个人的比赛，而是小组和小组的比赛。要想成为"故事大王"小组，需要大家配合默契，不但要把故事讲得连贯有趣，而且要把故事编得最长。 （三）简单介绍活动规则 第一个组员说出一个词语，第二个组员接着说出的一个词语必须和前一个组员说的词语连贯起来且合理，第三个组员说的词语必须和第一、第二个组员说的词语连贯起来……以此类推。说的内容最多、最连贯的小组为"故事大王"小组。		一年级学生对要求和活动规则还不能理解到位，教师不能操之过急，可通过举例等学生能够接受的方式，慢慢引导学生理解活动要求。

续表

项目步骤	教师支架
（四）举例，帮助学生理解活动规则 为了帮助每个小组能更好地理解活动要求，教师可以举个例子： 第一个组员说：西瓜；第二个组员加上"吃"，说：吃西瓜；第三个组员加上"小猪"，说：小猪吃西瓜；第四个组员加上"很多"，说：小猪吃了很多西瓜；第五个组员加上"一天"，说：一天，小猪吃了很多西瓜……组内每一名组员都说过后，可以进行第二轮编故事。	
二、教师讲解活动注意点 （一）在第一个词语的选择上，不要太过生僻，要找一个平时经常使用的词语 （二）每个组员一定要基于前面所有组员说的内容，续编故事 （三）每个组员续编故事时加的是词语，不是句子	教师通过通俗易懂的语言帮助学生理解活动注意点，可讲解部分内容后邀请学生自己来讲解，帮助学生理解。
三、开展"故事大王"活动 （一）根据要求组内自编故事（活动时间为15分钟） （二）各组挑选组内最好的一个故事，进行全班交流 （三）学生评价，通过举手投票选出最佳"故事大王"小组 （四）活动小结：学生通过语言表达，把生动有趣的故事说给大家听	教师引导学生思考：什么是一个好的故事？在判断"最好"的时候，依据是什么？

项目评价：
"故事大王"小奖状（互评）

学生档案袋材料收集：
"故事大王"小奖状

这个游戏考查学生的综合能力，既考验个人对词语意思的理解，也考验群体在合作中的默契，具有一定难度。教师所做的努力，主要是通过列举案例向学生解释活动规则，同时让他们体会到，没有哪种能力能够独行江湖，会表达的前提是会倾听，而且要会联想。

五、"强词夺理"项目

这是第三部分"用语言表达自己的思想"中的项目,主要训练学生的语言表达能力以及在表达中形成自己观点的能力。一幅抽象画、一段音乐、一张建筑图,其向读者传递了怎样的思想?对此,不存在固定的唯一答案,而是"一千个观众心中有一千个哈姆雷特",要让别人信服你的说法,必须给出有力的理由,而寻找理由便是实现自我表达的途径。表4-6列出了"强词夺理"项目实施指南。

表4-6 "强词夺理"项目实施指南

建议时间:2小时	单元主题:肢体与语言	项目活动:强词夺理
项目描述: 欣赏一幅抽象画、一段音乐、一张建筑图,在组内发表自己的意见,分别说说图上画了什么、音乐表达了什么、建筑物的作用是什么。在组内选出一个最有说服力的说法,参加班级交流会。		
主要关联技能:思考技能、交流技能	**主要关联学科:**艺术、语文	
项目目标: 1. 能够关切地倾听他人的话语 2. 能够在公平和平等的基础上做出决定,认识到他人的信仰、观点与思想可能与自己的不同 3. 能够借用身体的各种动作和脸部的丰富表情来传情达意 4. 能够在不伤害他人的情况下陈述自己的意见		
材料准备: 教师:一幅抽象画的图片;一段音乐;一张建筑物的图片;每人一张小贴纸		
作品结果表现方式:班级展示交流会		
驱动性问题: 当你的意见和别人不同时,你如何说服别人呢?		

续表

项目步骤	教师支架
一、活动规则讲解 （一）介绍活动名称 这个活动的名称叫"强词夺理"，"强词夺理"的意思是：没理硬要说成有理。 （二）介绍活动目的 今天活动并不是把没道理的事情说成有道理的，而是通过这个活动，能用语言准确地表达自己的观点，并说服别人来赞同你的观点。 （三）介绍活动内容 活动分为三部分：分别欣赏一幅抽象画、一段音乐和一张建筑图，根据自己的想象和理解来向组员讲解你对图片、音乐和建筑物用途的理解，看能成功说服多少人。	教师可用举例子的方法帮助学生理解活动规则。
二、欣赏抽象画，进行"强词夺理" （一）教师出示一幅抽象画和问题 你认为图上画了什么？理由是什么？ （二）学生带着问题静静欣赏画作5分钟，不做讨论 （三）组员交流 组内每个成员按顺序依次交流，表达自己的观点，注意讲清理由，让别人信服。 交流时其他组员安静倾听，不做评价。 （四）组内投票，选出对抽象画解释最具说服力的组员	帮助学生用沙漏或小闹钟来进行时间管理。 教师巡视，关注小组活动是否有序、组员是否安静倾听。
三、欣赏音乐，进行"强词夺理" （一）教师播放一段音乐，提出问题 你认为这段音乐表达了什么情感？理由是什么？ （二）学生带着问题静静欣赏音乐2遍，思考5分钟，不做讨论 （三）组员交流 组内每个成员按顺序依次交流，表达自己的观点，注意讲清理由，让别人信服。 交流时其他组员安静倾听，不做评价。 （四）组内投票，选出音乐联想最具说服力的组员	帮助学生用沙漏或小闹钟来进行时间管理。

项目步骤	教师支架
四、观察建筑，进行"强词夺理" （一）教师出示建筑物图和问题 你认为这个建筑物的作用是什么？理由是什么？ （二）学生带着问题观察图片5分钟，思考，不做讨论 （三）组员交流 组内每个成员按顺序依次交流，表达自己的观点，注意讲清理由，让别人信服。 交流时其他组员安静倾听，不做评价。 （四）组内投票，选出建筑物作用联想最具说服力的组员	教师引导学生在组内交流时注意倾听别人的发言，投票时结合内心最真实的想法做出自己的选择。
五、全班交流会，进行总结 （一）根据前三项的小组评选结果，每组推选出一名组员代表小组在班级交流 （二）各小组代表依次对抽象画、音乐和建筑物进行观点阐述 （三）交流后，每个学生把手中的小贴纸贴在心目中最具说服力的同学身上 获得贴纸最多的学生在"强词夺理"活动中成为优胜者。 （四）活动小结 语言可以帮助我们把内心的感受、观点、思想表达出来。	

项目评价：
"强词夺理"小贴纸（互评）

在这个游戏中，教师要帮助学生理解"强词夺理"并不是强行让别人听从自己的意见，而是在不颠倒是非黑白的原则下，结合自己的经历和真实感受来表达想法和观点，从而引发别人的共鸣，进而说服别人。在"强词夺理"的过程中，个性化的想法和观点被理解、被认可，这是最大的价值。

六、"奇葩辩论赛"项目

这是让学生经过一番挖空心思、搜肠刮肚的准备后进行的唇枪舌剑，目的不是争个孰对孰错，而是通过游戏提高学生独立思考、搜集信息、临场应变的能力。车轮大战一番后，学生对辩论的规则便有了更清晰的了解，对次序、协作、尊重也有了更深的体会，知道只有团队协作、相互尊重才能取得最终的胜利。表4-7列出了"奇葩辩论赛"项目实施指南。

表4-7 "奇葩辩论赛"项目实施指南

建议时间：4小时	单元主题：肢体与语言	项目活动：奇葩辩论赛
项目描述： 根据每个议题中的四个观点，学生自由组合，在规定时间内进行辩论。		
主要关联技能：思考技能、交流技能		**主要关联学科：**语文、道德与法治
项目目标： 1. 能够热情地与同学交流并耐心倾听 2. 能够用准确、适当的肢体语言和引申论点来进行更好的交流 3. 能够听取同学的意见，讨论各种观点想法 4. 能够懂得团队协作，轮流有序		
材料准备： 教师：辩论赛视频，四个辩论题目		
作品结果表现方式：班级辩论赛		
驱动性问题： 如果在生活中有人不同意你的观点，你该如何去说服他呢？		

项目步骤		教师支架
一、初步了解辩论赛 （一）观看一段大学生辩论赛现场录像 （二）提问学生在视频中看到了什么 （三）学生分辩论组交流（两支队伍讨论一个问题，发表不同想法） （四）小结 这是一场辩论赛，辩论就是围绕一个议题，正方和反方通过语言来证明自己一方的观点是对的，从而获得更多的观众支持。		一年级的学生还不能完全理解辩论的具体含义，教师在解释时应转换成低年级学生易懂的语言，让学生在最短的时间内交流辩论赛的形式和简单流程。

续表

项目步骤	教师支架
二、说明班级辩论赛规则 （一）教师引入 今天，我们也要举行一场辩论赛，不过这是一场与众不同的辩论赛，每个议题有四种观点，大家选择符合自己想法的观点，自由站队，小声讨论，最后进行辩论。 （二）教师事先划定每个观点的集中区域 建议在教室的四个角落各设立一个集中区域。	帮助学生用沙漏或小闹钟来进行时间管理。
（三）组建辩论小组 教师先公布议题，学生独自思考3分钟，然后根据自己的观点，进入相应的区域，组建成辩论小组。 （四）赛前讨论 赛前辩论小组可围绕辩论议题进行讨论，寻找更多的论据和理由，每次讨论时长为15分钟。 （五）辩论 辩论以车轮大战方式展开，每个辩论小组派出一名代表发表观点、陈述理由。哪一种观点的学生能够辩论到最后，哪个辩论小组获胜。	学生发表观点时，教师注重培养学生的规则意识：轮流发表言论，仔细倾听，尊重他人等。
三、出示议题，开展班级辩论赛	教师引导学生先对议题本身有充分理解，然后对观点进行阐述或辩驳。
四、活动小结 （一）对每一个议题都要有自己的观点，要思考适合的论据来证实自己的观点 （二）组织恰当的语言，通过语言来表达自己的主张 （三）要学会倾听他人的观点，对他人表示尊重	在小结时要回归到主要技能的落实。

表达总是涉及时间管理，如何在进行流畅的自我表达的同时又能把握好时间，是一年级小学生面临的难题。教师要在活动中向学生渗透时间管理的方法，如使用沙漏或闹钟。此外，有善于表达的一方，未必就有善于倾听的一方，教师也要引导学生学会让自己安静下来，倾听他人。

第四节 "自我表达"中的学与教

再好的项目设计,也只有在真实的项目进行过程中,才能捕捉到学习目标如何达成、学习内容如何转化、师生关系如何处理等问题解决的实际状态,前面呈现的这些真实的项目实施案例从另一个维度回应了项目设计的初衷。

一、项目化学习中的任务设计:回归真实生活

跨学科的项目化学习内容,多是从生活中来,回到生活中去。即从学生的生活经验出发,使其沉浸到类似的生活场景中,自然而然地发生学习行为。对一年级学生来说,表达就是说自己所见、说自己所想,没有太多理性的加工、严谨的组织,一切都是自然流淌出来的。在这种"天然去雕饰"的自我表达中,学生不自觉地进行着语言文字的初步训练。

> **自然流淌的表达**
>
> 与一般语文课不同的是,这里给每个学生提供了一个更为生活化的平台,学生要自己在生活中找寻素材,并且组织语句,交流说话内容。说的内容都是贴近学生自己的生活的,所以学生能更方便地找到素材。一开始,我认为学生能用一两句话说出来就很了不起了,但是实践证明,大部分学生都是天生的演讲者,很多学生都能滔滔不绝地说出一些我没有注意到的现象。虽然在他们的演讲中没有语文课那么严谨的表达,但是我认为一年级的学生就要允许出错,只有在不严谨的表达中去训练他们的胆量,去鼓励他们运用语言,在之后的阅读和语文课的学习中,他们才能渐渐积累,直到敢于表达。

看似没有固定的学习目标，其实目标就在过程中生成，并不取决于事先的设计。没有一步到位的完美的表达，只有在不断地试错中渐渐趋近优秀，这便是项目化学习中主题游戏的魅力所在。

二、项目化学习中的自我表达：表达也需反求诸己

学生的自我表达必须基于真实的学习生活，这样才能向外界传达有效信息，对方根据这些信息做出分析和判断并形成印象，这个印象又反馈给学生自身。给别人留下的印象，有时取决于自我表达的内容，更多地是来自日常生活中的真实言行。

> **"我的组员们"教学回顾**
>
> 这个活动的目的是分好组后给每个小组选一个Leader。在小组内分别选择三个印象关键词来描述对每一名组员的印象，最后汇总所有组员对某一名组员的印象关键词，获得积极印象关键词的加一分，反之减一分，得分最高的学生为Leader。
>
> 在学生了解了一些描写印象的词之后，教师出示了许多词，并把这些词分成两列，引导学生观察。
>
> "读了这些词语，你有什么发现呢？"
>
> "左边一列是正面印象，右边一列是负面印象。"
>
> "真棒，观察得很仔细，这次老师要看你们是不是能对一个人做出客观的印象评价。请你们分别选三个印象关键词来描述对每一名组员的印象。你和这个人相处到现在，这个人给你留下的最深刻的印象，你对他（她）有什么感觉，把它填在'组员印象表'上。正面印象填在第一栏，负面印象填在第二栏。"
>
> （接下来学生以小组为单位进行印象关键词的填写，教师巡视。）
>
> "老师，她总是不服大家的意见……"巡视过程中，有一组的组员很不服气地站起来打报告。原来是有一个女孩，因不乐意接受他人对自己的"负面印象"而闹别扭。

"怎么了?"

"他们都说我小气。"她委屈地流下了眼泪。

"哦,是这样啊,你觉得他们说的不对,是吗?"

"我哪里小气了?"

"你怎么不小气,上回,问你借块橡皮你也不愿意!"

"是啊,那次你嫌同桌说话吵,你把人家书都撕了!"

"人家不肯借你书,你还在人家书上乱画!"

……

大家你一言我一语地开始控诉这个女孩子平日的行为。为了不让事态继续发展,我打断了他们的对话,单独找女孩聊。

"刚才他们说的这些事情是真的吗?"

女孩难为情地低下了头。

"你看,他人对你的印象,都是来自你平时和大家相处中的表现,但是,大家对你不是也有很多正面印象吗?"女孩的情绪稍有缓解。

"所以,在平时和大家的相处中,要时刻注意自己的言行举止……才能给别人留下正面印象。"

……

在上课前,学习内容是跟着教学目标而选定的,但在真实的课堂中,学习内容会随着现场的互动而发生变化,教师要根据当时的学情进行变通,给学生时间和自由发挥、全面表达的机会。看似冲突的意见,恰是学生间深层沟通的开始,正因为有了"对立面"的表达,自我认识才更趋完整。

三、项目化学习中的团队建设:小组合作与分工

可量化的评价标准、成人视角的价值取向、自上而下的易于操作的课堂教学流程往往成为教师的首选。然而,这种只顾居高临下地指点学生的做法已经不再适应新教育理念下的课堂教学。在项目化学习中,学生不仅向教师

学习，还要在小组合作之中向身边的同学学习。教师需要关注学生的个性特点，与学生的心理感受产生共情，引导他们自下而上地进行讨论，在小组合作的过程中学会表达自己的观点，更重要的是学会倾听别人的发言，最终在合作中建立真实的学习伙伴关系。

小组学习，首先涉及的是如何分组的问题。是由教师自上而下地强行分组？还是由学生自下而上地自行分组？不同的分组方式直接影响着学生参与的积极性和表达的开放性。自行分组体现了每个学生的意志，得到他们的认可，这样学生才会体验到身为小组一分子的责任意识。那么，组长如何选举？究竟多少人组成小组才合适？

由谁确定小组？

学生通过小组合作完成任务。小组的分组以及组长的产生，都是通过一个个活动产生，不存在教师的人为控制因素。在小组合作中，有些平时在分科学习中表现并不突出的学生，在小组活动中却很活跃，甚至还担任了组长。分组选Leader的过程，渗透了朴素的民主精神，让学生体验了个人意见和多数人意见之间该如何协调。

小组讨论需要多少人？

无论是平时常规授课还是项目化学习，经常会用到小组讨论这一课堂模式。由于教室中座位放置的限制，小组讨论一般采用4人或2人讨论。而在项目化学习教室中，每一个小组有6人围坐在一起。俗话说，众人拾柴火焰高，在这样的小组讨论中，学生们更有热情，观点更为多元，碰撞更有效率。

表达还是倾听？

在项目化学习中，学生有很多发表自己观点或展示自己作品的机会。但每个活动时间有限，教师还是不可能做到请每个学生发言，那么小组讨论就十分重要了。经过这学期的关注和引导，我欣喜地发现学生们逐渐学

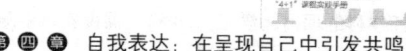

会了如何表达自己，并且遵循规则，使小组讨论有实效。

起初，学生并不知道如何进行小组讨论，我们看到的还是口才好的学生独当一面，害羞的学生仍然只听不说，容易走神的学生依旧游离在外。这样的小组讨论毫无实效，永远都是个别学生得到开口的机会，而这类能说会道的学生身上不愿倾听的习惯又毫无改变。这不是我们希望看到的。

于是，在学期初的一次小组讨论前，我请一个讨论较遵循次序的小组示范，并及时点评。然后提出要求：每次小组讨论从组长开始，然后沿顺时针方向逐一发表自己的观点。在过程中，我不停巡视，为认真倾听组员发言的学生扫上"同理倾听"的小思徽章，为发表自己见解声音响亮的学生扫上"小小演说家"奖章，为小组讨论井井有条的组长扫上"魅力组长"奖章，等等。由于不断地引导和操练，学生有了明显的变化……拿小刘这组举例，小刘是组长，从组长开始介绍自己的报告，然后组员们按顺时针方向逐一介绍。大家在介绍时，能按照我平时的要求，有了较规范的表达方式：将作品面对大家，手指着作品大声地说，并且以"大家好，这是我收集的……你看……"这样的介绍语起头；同伴在介绍时，其他组员都在认真倾听。这是学生让我欣喜的一面。在项目化学习中，我个人感觉这是比学到知识更重要的收获。

小组形式确立后，分工和合作才是小组学习的本质。在班级制的学科教学中，因为时间有限，座位又是秧田式的，每个学生的发言机会受到限制。项目化学习中的小组学习突破了这个限制，每个学生都能获得相对充分的发言机会。有了发言机会后，学生是否就能表达自己呢？表面上热热闹闹的表达是不是真的能达到呈现自我并实现交流的目的呢？还是得回到具体的实施过程中寻找答案。

四、项目化学习中的学生参与：给更多学生表达的机会

课堂评价未必是直接给出对或错、好或坏的判断，教师期待的姿态、

鼓励的眼神也是一种评价。有时候我们习惯了直截了当的分数判定，却忽视了学生的成长是一个很慢的过程。我们需要在项目化学习之中变得更加有耐心，给予学生更多发现、探索和表达的机会。

开口的机会

踏上工作岗位已经5年，记得刚开始时，学校为了让我们尽快熟悉业务、完成角色转换，对我们青年教师进行了一系列的培训。虽然不是科班出身，我通过听课、评课、上公开课等方式在语文教学上也有了飞速的进步。今年，我来到康健外国语实验小学这个大集体，在担任班主任和语文教师的工作外，也承担起了一个班级的项目化学习的教学工作。

还记得第一次要上这门课的时候，我心里就两个字"忐忑"。虽然学校对新进学校的教师都有统一的培训，并且培训师把每一个活动应该怎么操作等都说得非常详细，但是项目化学习不同于一般的语文课：教学内容完全不一样，没有详细的教案可参考，学生座位安排与常规教室不同。学生活动怎么组织，每个活动之间应该怎么串联，如何检测学生在这个单元中是否学到了知识，这些对我来说都是考验。

与我搭班的T老师已经上过一年的项目化学习。于是，我决定去听一听她是如何上课的。以"奇葩辩论赛"为例，我在听T老师的课之前，先以语文老师的教案思路，结合已有的项目化学习实施指南，大致列了一个教案，然后带着这一份教案进入了T老师的课堂。

结果令我大跌眼镜。一节课听下来，我发现自己列的教案都是教师的引导和教师的话语，每个问题我只给了4—5个学生发言机会。但是，在T老师的课堂中除了一开始提供给学生讨论思路和最后总结的机会外，T老师还给了学生充分的讨论时间。虽然花了很长时间，但是，我发现每个学生都得到了锻炼与思考的机会，而不是为了赶时间使讨论流于形式。

在之后的课堂中，我渐渐改变了之前实施项目化学习的方式，把速度放慢，也学着去关注那些平时在语文课上不容易被我关注到的学生，努力去发现他们的另一面。

教师的成长可以从多年累积的直接经验中获得，也可以借助他力。借力最常见的形式就是教师之间的听评课，这是最有效地获得"自知之明"和"知人之明"的途径，通过认知的碰撞和实践的切磋，教师的内在提升有了可能。而这种提升对学生的影响，更多地体现为潜移默化的课堂评价。项目化学习中的评价不仅关注学生项目成果的展示，还有学生在项目推进中思考的深度、投身项目研究的热情，以及在小组合作中的表现。这样的评价有总结性质的，也有过程性质的，它一路记录着学生在缓慢成长道路上的痕迹。

五、项目化学习中的教师支持：如何打破课堂常规

整齐的秧田式课堂，师生间一对多的"控制"模式，规定的上下课时间，事先给定的教学目标和预设好的教学过程，这些都是我们熟悉的上课景象。但是，如果打破这一切呢？以游戏串联知识，学生记得住吗？把学生散养在STEM专用教室里，他们会无法无天吗？教师在这个过程中，到底需要提供怎样的支持？

一年级"自我表达"主题之"礼仪帮助我们更好与人沟通"探究单元中，有一个活动是"坐立行大比拼"。该活动是通过纠正学生在坐、立、行方面出现的不当姿势，让他们了解良好的礼仪应该是怎样的，并通过活动养成坐、立、行的正确姿势，以期让学生进一步体悟到富有礼仪的肢体动作能够更好地帮助人与人之间达成沟通，礼仪传达出尊重别人的意味，行为者自身也能得到尊重，交流就成了一种美好的体验。项目活动让学生在体验之余感受良好礼仪的魅力，让学生从情感上认同这种礼仪的作用，这样，学生自然愿意参与其中。

> **"坐立行大比拼"教学反思笔记**
>
> "1"的课程的教学不同于我们平日里正儿八经地上课。学生在这样的课堂上多了一份自由，他们可以任意发表自己的想法，可以在课堂上喝水，可以自由进出教室去上洗手间。这样的自由，或许会引发许多人的疑问，学生如此"散养"是否会影响课堂教学质量？一开始，我也有这样的

担心和顾虑。好在我们的培训老师及时点醒了我。活动那么丰富，那么有趣，学生巴不得整天都在STEM教室里不出去呢！

　　对一年级学生而言，课堂纪律影响整个课程活动的开展。如何能够在自由但不散漫的课堂上把项目化学习内容落实到位着实让开发课程的老师动足了脑筋。例如，为了让一年级的学生更加具备集体的意识、自律自控的能力，在"肢体与语言"这个单元的学习当中，安排了"坐立行大比拼"的主题活动。单从字面上我们就不难发现，这个活动就是要训练学生的自律自控能力。其实，关于纪律问题，班主任平日里没少花时间苦口婆心地说教，但是过一阵子纪律问题就会重复。项目化学习里的"坐立行大比拼"，不是简单的说教，而是让学生通过辨认一张张姿势错误的照片，纠正不对的地方，示范正确的做法。除此以外，还通过小组竞赛的方式，比赛到底谁能"坐如钟，站如松，行如风"。活动还让学生们观看了阅兵仪式，当看到解放军叔叔阿姨们的飒爽英姿时，最高境界的坐立行礼他们已了然于胸。

　　面对学生的自律自控问题，常规课堂中教师苦口婆心地劝说有时候反而会让学生反感。而在项目化学习中，教师首先让学生自己对比不同行为礼仪的形象，形成评价标准，然后利用一系列活动训练好的行为，并通过反复练习得以巩固。一旦这样的纪律意识养成，教师再打破常规课堂的座位形式，学生也会在看似闹哄哄的课堂里有序地进行小组的项目活动。

本章结语

　　没进入自我表达的"现场"前，我们也许会心生疑惑：
　　一年级学生能在全班同学面前自如表达吗？
　　他们能说多少内容？一句话、两句话？
　　他们能在书面语言和口头语言之间转换吗？

学生在课堂上的表达跟他的生活有什么关联？

见证了多个游戏活动过程后，我们终于明白，与"自我认识""自我组织"一样，"自我表达"也是一种认知自我的手段，并因为表达在自我和他人之间架起交流的桥梁，迈出从自我走向他人的第一步。

要敢讲，最好都滔滔不绝地讲；表达内容从生活中来，又回到生活中去。在一个又一个"现场"，学生走到人前，表达自己的想法，同时兼具表情和肢体动作，逐步学会顺畅地进行人与人之间的沟通和交流。

学生设计的表情包

跨学科的项目化学习：
"4+1"课程实践手册

第 五 章

自我组织：在系统中平衡自我与组织

"自我组织"课程旨在引导学生联结自我与周围物理环境和人际环境，理解学校、社区、社会等多种组织的运作、规则与功能，平衡自己的角色与组织之间的关系。

系统普遍存在。对零散的事物进行有序编排后，形成的有条理、有结构的整体便是系统。每个人都自成一个系统，每个人都身处社会各系统之中。个人是完整的个体，不同的个体基于某种相同的目标又形成组织，彼此独立却又相互影响。一个自洽的系统就像一个星球在运转，星球上的成员遥遥相望，又相互作用，平衡这种关系微妙又有趣。

"自我组织"探究单元主要围绕学生的在校生活展开，让他们通过了解人和由人组成的机构来认识组织，从而认识到组织中的规则是如何产生和运用的，最后回到自身，学习如何实现自我管理，同时为他人服务。

第一节 "自我组织"是什么？

组织的形式有很多种，有超大型的机构，比如联合国大会；也有微型的机构，比如由3名学生组成的小组。在小学生的社会生活中，学校、班级、小组便是他们经常接触到的组织。

一、现场

> **"班级王国"内外**
>
> "我们建立王国喽！"孩子们欢呼雀跃起来。也难怪，这是孩子们自己建立的王国，上面的每一个字、每一个手印、每一个图案，都是孩子们进入小学以后自己动脑设计出来的，这份喜悦来自小组的集思广益，来自个人的自由创作，更来自他们丰富的想象力。最后，我们的"王国"就在一张大海报上落成。那天，当我们一起把它贴在教室外的毡布墙上时，孩子们别提有多高兴了！仿佛这就是一个立体的王国，他们把自己的心都放在了里面。此后每天放学，孩子们的小手都迫不及待地拉着家长的大手来到教室外，带他们参观"王国"中的每一个地方——班花、班歌、班级公

> 约、班旗、班徽等，认真地讲解自己的创作。家长们也会忍不住和教室里的老师多说几句。白妈妈说："瞧这孩子，幼儿园得奖也没见她这么兴奋，看来是为这'王国'着了魔！"一旁的徐爸爸也凑了过来："是啊，我们家那个也是，老是回家向我炫耀自己是设计师了！"其中有一位特别有心的家长还在易信群中发了这么一段感人的文字：
>
> "开学到现在，短短一个月，我家的欣儿变化可真大。她原本是一个不爱说话的孩子，可是最近一回家就与我们兴致勃勃地谈起了学校里发生的事。欣儿在谈到自己班级的'王国'时，我们还有些惊讶，哪里来的'王国'呀？我印象很深刻，周一那天放学回到家，她一反常态，早早地完成了学业任务，一个人关在房间里不出来，叫她吃饭也不出来，我和她爸爸还以为她在学校遇到了什么不高兴的事情。正当我们一筹莫展时，欣儿挥着一张图画纸蹦蹦跳跳地出来了。'Daddy，Mummy，你们瞧，这是我为"班级王国"设计的班花。'这班花虽然入不了设计师妈妈的眼，但是看得出非常用心，无论花的轮廓还是用色都不错。凡事重在参与，于是我也为他们班级设计了一朵班花，让欣儿第二天一同带去学校。最后，没想到老师把我那朵'完美'的班花给淘汰了，而用了欣儿设计的那朵。她回来高兴坏了，到现在还在亲朋好友面前说起。虽然我有些'丢面子'，但女儿为我'长脸'了。"

这是"自我组织"中一位执教"班级王国"课程的老师的课后笔记，记录了学生如何为设计王国而雀跃，也通过一位有心家长的感想从侧面反映了学生在课程之外的倾情投入。

这项任务活动从学生最熟悉的组织——身处的班级入手，让他们对系统与功能的关系有了初步认知，理解班级不仅是一个物理空间，也是一个多要素共同运转的系统。当他们分头设计班花、班徽，起草班级公约和创作班歌时，也就对"王国"里的每一个要素有了透彻的理解，同时也在活动中体验了"班级建设是大家的事情"。

一年级"自我组织"的初级阶段是让学生认识自己及周边环境（即班

级、学校），知道学校是由诸多元素构成的一个系统，而系统产生功能；能够理解个体与个体形成联结后，相互之间的规则也就此产生，而对规则的遵守是基于每一个个体良好的自我管理，最终达成服务自己同时又服务他人的目标。一年级学生刚接触组织，需要有个真实情境让其沉浸其中，使他们在具体的事务中触摸组织和组织的功能，而不止于从文字说明和口头说理中了解。这符合一年级学生身心发展的特征，同时也是跨学科项目化学习的初衷之一。

二、如何理解"自我组织"？

自我组织是什么？它是一个系统内部各要素组织化的过程。这样的系统一般是开放的，随着要素的增加和系统化复杂程度的提高而越趋复杂。对个体来说，自我组织是个体基于对自己以及自己身处的系统的认识而达成要素重组，目的是充分发挥各要素的功能，从而实现价值最大化。

对小学生来说，自我组织意味着什么？首先要认识自己所在的组织——班级是如何构成的，再去了解学校是不是各个班级的简单相加，接着展开去了解社区、城市、国家的组成和功能，然后回过头来审视自己身处各组织中该有何作为。系统中的个人该遵守怎样的规则、规则如何产生、大小不同的系统如何调整结构发挥更强功能、不同职业的内涵以及由社会变化带来的职业变化，诸如此类，都是试图在整个小学阶段让学生在具体活动中体验的内容。所以，对小学生而言，自我组织是围绕他们运转的外部世界的调控和自我管理的实践。

所以，自我组织在整个小学阶段的探索集中在学校的生活、社区的功能、系统的结构、职业的发展、机构的决策这五方面的理解与体验，试图回应以下两种长程的核心技能。

（1）交流技能。交流是不同个体间达成相互理解和合作的必要能力。

（2）自我管理技能。自我管理是为了平衡个体内部不同组成部分和协调个体之间的相互关系，最终在各自发展的同时实现和谐共处。

第二节 "自我组织"的项目结构

理解自我组织始于熟悉周围的环境，包括物理环境和人际环境。根据不同年段学生的身心发展特征和认识自我的途径，"自我组织"课程的内容从个体身边辐射到社会性机构，从具体到抽象递进。

一、"自我组织"的年级主题

一年级学生迈入学校后，学校是他们最常出入的场所，是他们学习的地方，也是他们逐步社会化的地方；二年级学生走出家门，需要了解身处的社区；三年级学生开始走向更大的世界，对政府的架构和功能要有所了解，从中认识到自己作为公民的权利和责任；四年级学生触及职业的内容，职业作为社会角色的重要标签进入小学生的视野，学生可间接地体验不同的社会组织；五年级学生开始了解更宏观的机构，从中明白国家和世界的某些机构如何进行决策。表5-1列出了一至五年级"自我组织"的主题及其内涵。

表5-1 一至五年级"自我组织"的主题及其内涵

年级主题	主题内涵
一年级：学校的生活	老师和伙伴； 学校是快乐学习的地方； 遵守规则和校园安全； 学校的功能和运转方式； 自我管理和班级服务。
二年级：社区的功能	不同的公共场所和它们的功能； 我们所属的不同社区； 个体在所属的社区中扮演不同的角色； 制订社区服务计划。

续表

年级主题	主题内涵
三年级：系统的结构	系统与部分的关系； 中国政府的组织结构； 上海市各区分布； 徐汇区政府的构架和部门功能； 公民的权利与责任。
四年级：职业的发展	职业的不同性质和内容； 职业的尝试和体验； 职业的变化； 社会的发展和未来潜在的职业； 职业的道德。
五年级：机构的决策	联合国大会等多边议事机构的概念、运作方式和模拟； 基础国际关系与外交知识； 世界发生的大事对未来的影响； 自身在未来可以发挥的作用。

二、主题项目的结构：以一年级为例

一年级的自我组织还处在以整合身边事物和身处的环境为主的阶段。与老师和同学交往，学习如何跟不同类型的人交往；了解班级的组织、学校的功能，明白规则何以产生；尝试自我管理和服务他人，体验个人的价值和作用，这些项目化学习最终提升的是一年级学生对个体和组织的认识、对规则和关系的理解。

1. 老师和伙伴

这部分主要从学生熟悉的老师和同学入手，发展他们的社交技能。在同学中交到合适的朋友，在朋友之外也要逐步适应与不同类型的伙伴相处，比如临时组队的组员或其他班级的同学。具体的活动包括通过各种形式找朋友、扮演记者采访老师，等等，都是在情境中了解他人并深入认识某几个人。

可以设计以下项目来支持学生寻找和熟悉伙伴：

- 颜色分组法；
- 学唱歌（找朋友）；
- 找朋友系列；
- 九宫格找朋友；
- 二合一绘画；
- 小记者大采访；
- 学唱歌（我爱米兰）。

2. 学校是快乐学习的地方

这部分是让学生了解学校的各个组成部分，熟悉它们的功能，同时发展与老师、同学的交往能力，从而感受到学校是个快乐学习的场所。学校不仅给学生提供温馨的物理环境，还提供温情的人际环境。环境中的要素各有功能，相互嵌合着发挥作用，师生、生生之间的合作也是如此。

可以设计以下项目来实践小组合作：

- 救援行动；
- 班级扑克牌；
- 穿越"红外线"。

3. 遵守规则和校园安全

这一部分通过各种模拟游戏让学生了解身边潜在的危险有哪些、该遵循怎样的规则来避免这些危险，从而达到自我保护的目的。学生在学校最有可能出现危险的情形是：课间匆忙上下楼、鱼贯而行时突然"刹车"、雨天在操场跑动等。本系列通过常见情景的模拟，加强学生对规则的熟悉和应用。

可以设计以下项目来提升学生的安全意识：

- "可怕"的文具；
- 模拟急停游戏；
- 楼梯安全实验。

4. 学校的功能和运转方式

每个学生都熟悉自己的班级，但未必对整个学校有全面的了解，大脑中未必都有一张清晰的校园平面图，也未必知晓学校各部门、各岗位的职能，所以开展类似"校园巡礼"的活动，有助于学生从各个角度认识学校及教职工，并在活动中加深小组成员间的团结合作，从整体的全局观出发，共同完成任务。

可以设计以下项目来促进学生对学校功能和运转方式的认识：

- 校园寻宝；
- 碟中谍。

5. 自我管理和班级服务

每个学生都有自己心中理想的班级和学校，用他们的创意来设计自己的班级和学校，可以反映出他们的认知和趣味。"班级王国"和"梦想学校"给学生足够的空间尽情地表达自己的想法，使他们认识到班级和学校作为一个完整的组织，它们由各种要素组成，且各有一套管理体系。每个学生在体系中各就各位，实现自我管理，同时为他人提供服务。

可以设计以下项目来深入理解和动手实践：

- 班级王国；
- 设计梦想学校。

第三节 "自我组织"项目群：以一年级"学校的生活"主题为例

"自我组织"主题分布在一年级的具体项目主要围绕学校的生活展开，由五个部分构成，分别指向校园生活中的人和部门。本节选取了三个部分中的六个具体项目，分别如下：

第二部分的"救援行动""班级扑克牌""穿越'红外线'"，用不同形式增进学生彼此间的了解，引导学生在不同的活动中达成相互间的合作，让学生从不同侧面体验学校是快乐学习的地方。

第四部分的"校园寻宝"和"碟中谍"，让学生了解学校的功能与运转方式，通过搜集信息和相互交流认识学校。

第五部分的"班级王国",试图让学生通过深入了解班级和学校的构成及职能,学会自我管理、主动参与班级服务。

一、"救援行动"项目

这个游戏的目的是使学生体验学校生活的有趣和快乐,通过相互交流加深彼此了解,强调在过程中勇于表达自己的想法,在意见不一致时能借助有效辩解为自己"拉票",即赢得别人的认可。在完成了充分的自我表达之后,通过合理的自我评价和他人评价谋求与人合作,最终达成平衡。表5-2列出了"救援行动"项目实施指南。

表5-2 "救援行动"项目实施指南

建议时间:1小时	单元主题:学校的生活	项目活动:救援行动
项目描述: 森林暴发洪水,只有一艘小船可以逃生,小船只能容纳4种动物。面对模拟情境,小组通过讨论决定拯救哪些动物。如超过时间未达成一致意见,拯救活动失败。		
主要关联技能:交流技能		**主要关联学科:**科学、语文、英语
项目目标: 1. 能够清楚地表达自己的看法 2. 能够积极参与小组的讨论 3. 能够通过评价表对自己和其他人的表现做出合理的评价		
材料准备: 教师:救援行动表格,评价量表,学生名单若干张,沙漏、秒表等计时工具		
作品结果表现方式:代表小组决定的救援行动表格一张		
驱动性问题: 森林里暴发洪水了,海边只有唯一的一艘船,可是这条船很小,只能容纳4种动物。哪4种动物应该上船呢?		
项目步骤		**教师支架**
一、了解背景 (一)学生观察图片,小组交流10种动物名称 (二)集体交流动物名称,学习10种动物的英文名称 (三)根据活动场景和问题进行思考,在5分钟内自己选择要救的4种动物,并在表格上做记录		根据学生的交流结果,给出相应的反馈。创设学生活动的情境,引发学生思考

续表

项目步骤	教师支架
二、小组辩论 （一）在10分钟内小组成员各自发表观点 （二）在5分钟内得出小组结论，小组意见必须完全统一，超过时间未达成一致意见船将沉没，所有动物都会遇难	教师使用计时工具提醒学生在规定的时间内得出统一意见。对于有分歧的小组，教师可进行适当的引导，可以采用举手投票、少数服从多数等办法来让学生知道如何在最短时间内统一小组的意见。
三、展示分享 小组轮流交流各组意见，用充分的理由和事实依据来说服其他组为自己组投票。最终综合考虑每组所得票数和每组讨论用时情况，评选出本项活动最佳小组。	

项目评价：
1. 救援行动小奖状（互评、教师评）
2. 救援行动自评和互评表

评价内容	自评星级	互评星级
积极参与小组讨论	☆☆☆	☆☆☆
明确清晰地表达自己的观点	☆☆☆	☆☆☆
能说服组内成员接受自己的意见	☆☆☆	☆☆☆
公平公正地对其他组进行投票	☆☆☆	☆☆☆

学生档案袋材料收集：
1. 救援行动小奖状
2. 救援行动自评和互评表

　　教师在引导过程中，要注意重点不在得出哪种动物最有价值，而是鼓励学生发表自己的意见（10分钟内每人发表各自意见），表达自我的同时又要在规定时间（5分钟内）内于小组内形成统一意见，否则前功尽弃。这期间包含了平衡不同想法的训练，同时进行了时间管理。最后用自评互评表让学生了解自己在组织中发挥的价值。

二、"班级扑克牌"项目

这是第二部分"学校是快乐学习的地方"中的一项游戏,目的是让学生了解自己所在的班集体。为了使学生能够充分了解班级各成员,这个活动以扑克牌为桥梁,把全班学生聚集在一起,呈现彼此的基本信息,反映各自的性格特征。这种别具一格的形式激发了学生极大的热情,他们在讨论统一的制作要求时,积极发表自己的想法;在采访同学时,全神贯注地倾听并记录对方给出的信息;在制作扑克牌时,又把文字信息转换成其他表达方式,相当于重温了采访对象的情况。不同环节叠加成的印象加深了学生相互间的了解与情谊,从而让每一个学生愈加觉得学校是快乐学习的地方。表5-3列出了"班级扑克牌"项目实施指南。

表5-3 "班级扑克牌"项目实施指南

建议时间:4小时	单元主题:学校的生活	项目活动:班级扑克牌

项目描述:
收集、记录采访到的伙伴信息,并用绘画的方式展示在空白名片上,组成班级扑克牌(每班一副)。

主要关联技能:交流技能	主要关联学科:美术、语文

项目目标:
1. 能够乐意与他人合作,在小组内发表自己的意见并最终形成集体的决定
2. 能够负责任地承担自己的工作并努力完成
3. 能够热情地与同学交流并耐心倾听
4. 能够简单记录信息

材料准备:
教师:1. 各种各样的扑克牌(也可让学生带)
  2. 用于制作扑克牌卡片的卡纸(建议是常规扑克大小的4倍)
  3. 用于计时的工具(沙漏、闹钟或其他)
  4. 用于投票选举的工具
  5. 评价量表
  6. 学生名单若干张
学生:1. 用于制作卡片的绘画工具(建议用彩色铅笔)
  2. 用于采访的笔记本和铅笔

续表

作品结果表现方式：制作完成的扑克牌（根据班级学生数决定一副还是两副扑克牌）

驱动性问题：
如何把我们班级小朋友的信息都集合在一副扑克牌里？

项目步骤	教师支架
一、制订计划 （一）学生分小组初步了解扑克牌的特征，主要关注一副扑克牌的张数 （二）学生分小组制订班级扑克牌的制作计划 计划要求： 1. 明确小组内分工、每个组员制作卡片的数量及具体采访对象（建议每个学生制作两张扑克牌卡片） 2. 明确小组内扑克牌卡片制作要素（诸如头像、生日、姓名、爱好等） （三）交流计划，形成班级扑克牌卡片制作的统一要求 建议每张扑克牌卡片有规定要素和自选要素，规定要素包括人物头像、姓名、生日；自选要素可以是爱好、性别等。	根据学生制订的计划和分工的情况，提供有效分工合作的基本思路和方法。指导没有完成计划和计划不明确的小组在前一次失败的基础上做有针对性的调整。
二、采访与被采访对象 根据计划，有礼貌地采访班级同学，做好相关记录。同时有耐心地接受别人的采访，填好"采访记录表"。	教师根据学生的采访记录情况，以样例示范的方式指导学生如何进行简单的信息记录。
三、制作扑克牌卡片 学生根据卡片制作要素以及收集的采访对象的信息，在规定的时间内制作扑克牌卡片。	帮助学生用沙漏或小闹钟来进行时间管理。
四、展示分享 用张贴、陈列等方式摆放各小组学生制作完成的扑克牌卡片。全班同学互相参观，并用投票（贴粘纸等）方式选出"十佳"扑克牌卡片。	

续表

项目评价：
1. "十佳"扑克牌卡片小奖状（或敲章等方式）（互评、教师评）
2. 扑克牌卡片自评表

评价内容	星级
头像	☆☆☆
姓名	☆☆☆
生日	☆☆☆
爱好	☆☆☆
两张扑克牌卡片全部完成	☆☆☆
自我满意度	☆☆☆

3. 采访互评表

采访人：

评价内容	星级
热情有礼	☆☆☆
问题清晰	☆☆☆
适当记录	☆☆☆
整体满意度	☆☆☆

被采访人：

学生档案袋材料收集：
1. 自制的两张扑克牌卡片作品
2. 两张评价表
3. 采访时的记录
4. 奖状

教师在实际操作时要时刻紧贴核心技能展开指导，一方面给学生讨论和采访的机会，即可以充分地听和说，一方面提醒学生在制作扑克牌卡片过程中用沙漏或闹钟进行时间管理。如何制订计划、如何记录采访内容、如何把评价标准精细化，这些都涉及与他人的交流和对自我的管理。学生通过游戏熟悉了班级的成员及班级的功能，同时教师要注意促进学生在表达和分享中安静倾听，在分头并进时遵守规则。

三、"穿越'红外线'"项目

一个人可以走得很快，但一群人才能走得更远，这句话在"穿越'红外线'"游戏中得到了很好的诠释。合作是这个活动的关键词，学生在讨论中确定穿越路线，在活动过程中手拉手谁也不放弃谁，最后险象环生地"钻"到终点。这中间需要语言沟通的技能，需要相互体谅的换位思考，照顾彼此走向共同的终点，考验的是自我管理和伙伴协同的能力。表5-4列出了"穿越'红外线'"项目实施指南。

表5-4 "穿越'红外线'"项目实施指南

建议时间：2小时	单元主题：学校的生活	项目活动：穿越"红外线"
项目描述： 在较大空间内，纵横交错，布满了红色绳线。小组成员手拉手，共同穿越。要求不松手，不碰线，以穿越时间最短的小组为胜。		
主要关联技能：交流技能、自我管理技能		主要关联学科：美术、语文
项目目标： 1.能够了解合作的重要性 2.能够互相体谅和协作		
材料准备： 教师：6把椅子，旗杆或晾衣竿，红色尼龙绳		
驱动性问题： 你们能不能像一个灵巧的小昆虫一样，穿越一个大大的蜘蛛网呢？		
项目步骤		教师支架
一、活动前的准备 （一）将旗杆绑在椅子上固定 （二）将绑好旗杆的椅子放置成一个长方形 （三）用红色尼龙绳在旗杆上绕成无规律的网状，织成绳网		活动准备时请选择自重较重、不易移动的椅子，必须保证旗杆捆绑牢固；进行拉绳布网时必须注意满足活动要求的通行路线难易度适中。

续表

项目步骤	教师支架
二、教师讲解活动规则 （一）小组所有成员在活动中必须手拉手，不可以在中途放开手，如有成员掉队，则被淘汰 （二）过程中可以利用各种姿势穿越"红外线"，但在穿越"红外线"的过程中，身体的各部分均不能触碰到红绳，如碰到，则被淘汰 （三）小组成员能全部穿越"红外线"并用时最短的小组为优胜小组	
三、小组实地观察，讨论穿越方法 （一）小组集体实地观察，每组用5分钟讨论通过路径 （二）各小组试玩一轮 （三）试玩一轮结束后，小组在10分钟内分析成功或失败的原因 （四）进行反思后，小组更新通过的路径和方法	帮助学生用沙漏或闹钟来进行时间管理。
四、正式活动 （一）各小组轮流进行正式活动 （二）正式活动结束后，小组成员交流活动感受 （三）班级交流，学生总结：活动的时候小组的所有成员要同心协力，不能只顾自己往前冲	活动中，教师必须及时调整可能被学生触碰或拉扯的绳网，帮助降低安全风险。

在这个游戏中，教师需要提醒学生，能否顺利完成任务不是取决于小组中有多么长的"长板"，而是受制于小组中有没有特别短的"短板"。在5分钟的尝试中，大家必须讨论出一种适用于全体组员的规则，这中间不仅要表达个人想法，同时要评估整个小组的情况，在相互帮助中做顾全大局的妥协，这是需要学生体验的重点。

四、"校园寻宝"项目

这其实是一项室内外结合、多成员参与的大游戏，学生在过程中经历了识别宝藏、寻找宝藏、确认宝藏、记录宝藏等一系列有序环节，在小组合作中充分锻炼了倾听和解说的能力，同时以实际行动遵循了相应的规则，如在规定时间内回到固定地点、在不影响其他班级的前提下行动、用统一的格式做记录等。这项活动内容契合一年级学生的需求，他们对学校的各个部门和场所还没有足够的了解，借此熟悉学校各个区域的分布与功能，了解其运转方式。表5–5列出了"校园寻宝"项目实施指南。

表5–5 "校园寻宝"项目实施指南

建议时间：3小时	单元主题：学校的生活	项目活动：校园寻宝
项目描述： 依据活动要求，小组制订行动计划，根据寻宝图上的照片，找到并记录宝物所在的具体方位。		
主要关联技能： 交流技能、自我管理技能		**主要关联学科：** 体育、道德与法治
项目目标： 1. 主动参与讨论，能发表自己的观点，同时也能耐心听取别人的意见 2. 在制订行动计划时，能综合考虑安全保障、活动达成等诸方面的因素，能依据行动计划开展活动		
材料准备： 教师：1. 宝藏图（一组一张） 　　　2. 文件夹板（一组一个，将宝藏图固定在夹板上，方便记录） 　　　3. 评价量表 学生：1. 用于制订计划和记录时用的笔记本和铅笔 　　　2. 每组可以准备一个计时器（建议用手表）		
作品结果表现方式： 藏宝图		
驱动性问题： 根据所观察的宝藏图，能不能通过询问2—4个人，在规定的时间内找到这些宝藏呢？		

项目步骤		教师支架
一、计划制订前期准备 （一）仔细观察宝藏图上宝藏的图片，明确宝藏的名称和特征 （二）了解活动要求 在规定时间、安全保障和不影响其他班级上课的前提下，小组集体行动，到校园中寻找宝藏所在的位置，完成记录。		宝藏图对学生准确定位非常重要，教师事先要做好照片拍摄、图片打印等准备工作，保证图片清晰度高。

续表

项目步骤	教师支架
二、制订寻宝行动计划 （一）组内讨论具体细则（围绕规定时间、安全保障、不影响其他班级上课、正确快速找到宝藏来制订） （二）明确组员分工及职责（除组长外，要有分别负责安全、守纪、计时、记录的同学） （三）全班交流计划，在具体细则上尽量每个小组统一 （四）各组修订计划	针对本次活动难度大和学生年龄小的特点，教师可以设计一个计划模板，为学生制订计划提供方法支持。通过头脑风暴式的计划交流，为计划制订不完善的小组提供帮助，协助他们进一步修订。
三、开展寻宝行动 根据行动计划和宝藏图上的照片，找到并记录宝物所在的具体方位，做好记录。	活动时，所有的学校空间均开放，教师在关键区域护导（如操场、楼梯口等），保证学生安全，提醒和监督各组按计划行动。
四、分享交流 （一）交流每一件宝物的具体位置，各组核对 （二）完成寻宝行动评价表	

项目评价：

寻宝行动评价表（小组自评）

要素	达成度
找到正确位置宝物的数量	（　　）个
计划细则具体	☆☆☆
计划分工明确	☆☆☆
行动高效安全	☆☆☆
活动后的感想：	

学生档案袋材料收集：
1. 各组完成的藏宝图
2. 寻宝行动评价表
3. 各组的行动计划

在"校园寻宝"活动中，无论是准备环节还是行动环节，教师需要明确的是，学生通过这个游戏要在交流技能和自我管理技能这两方面得到锻炼，所以给出的支架也必须紧紧配合技能目标。在制订计划阶段，给学生充分的时间进行头脑风暴式的讨论；在行动阶段，监督他们控制时间和注意安全；在评价阶段，引导他们重视团队合作中的分工与交流、合作与安全。教师无形中对这些内容的调控和节奏的把握实则是在默默促成学生的技能发展。

五、"碟中谍"项目

这个游戏显然能通过悬念引学生入境，使他们通过询问、采访和记录一步步深入其中，在完成一个个任务的过程中走向最终的水落石出。询问和采访涉及表达和聆听的能力，而记录则是书写和思维能力的显现，能说又要善于听，然后经过自己的智力加工落在纸面上留下思维的痕迹，这是这类游戏试图开发和挖掘的能力。学生在此过程中动用了全方位的能力，体现出综合的素养。表5-6列出了"碟中谍"项目实施指南。

表5-6 "碟中谍"项目实施指南

建议时间：1.5小时	单元主题：学校的生活	项目活动：碟中谍
项目描述： 学生根据提供的任务单，了解具体任务，并寻找合适的教职员工帮助完成任务。		
主要关联技能：交流技能、自我管理技能		主要关联学科：全科
项目目标： 1.能够乐意与他人合作，在小组内表达自己的意见并最终形成集体的决定 2.能够负责任地承担自己的工作并努力完成 3.能够热情地与教师、同学交流并耐心倾听 4.能够简单记录信息		
材料准备： 教师：1."碟中谍"项目任务单 　　　2.用于计时的工具（沙漏、闹钟或其他） 　　　3.板夹（学生可自带）		

续表

　　4. 评价量表
　　5. 学生名单若干张
学生：用于采访的文具（尺、橡皮、垫板、铅笔等）

作品结果表现方式： 制作完成的"碟中谍"项目任务单

驱动性问题：
大家看过电影《碟中谍》吗？想不想像电影中的主人公一样在规定的时间内完成艰巨的任务？

项目步骤	教师支架
一、制订计划 （一）学生分小组初步了解任务单的内容，主要关注任务单上各任务的区别 （二）学生分小组制订"碟中谍"任务计划 计划要求： 1. 明确小组内分工，即每个组员完成任务单的内容及具体寻找对象（建议每个学生完成三到四个任务） 2. 明确小组完成"碟中谍"活动的要求（如打招呼、询问、遵守纪律等） （三）交流计划，形成班级"碟中谍"活动的统一要求 如小组必须集体行动；活动过程中不奔跑、不叫喊、不推搡；活动过程中按统一要求记录信息等。	根据学生计划制订和分工的情况，提供有效分工合作的基本思路和方法。指导没有完成计划和计划不明确的小组在前一次失败的基础上做有针对性的调整。
二、寻找任务单 根据计划，有礼貌地去寻找任务单上相关的教职工，做好记录。	帮助学生用沙漏或闹钟来进行时间管理。
三、展示分享 （一）每个小组委派一名代表，在班级内逐项交流任务完成情况 交流内容：完成什么任务？应该找寻哪位教职工？鼓励学生简单说说理由：为什么要找这位教职工？ （二）以投票（举手等）方式选出"十佳碟中谍"小组	

续表

项目评价：
1. "十佳碟中谍"小组小奖状（或敲章等方式）（互评、教师评）
2. "碟中谍"自评表

评价内容	星级
记录正确	☆☆☆
遵守纪律	☆☆☆
积极思考	☆☆☆
选择正确	☆☆☆
任务单全部完成	☆☆☆
自我满意度	☆☆☆

3. 采访互评表

采访人：	
评价内容	星级
热情有礼	☆☆☆
问题清晰	☆☆☆
适当记录	☆☆☆
整体满意度	☆☆☆
被采访人：	

学生档案袋材料收集：
1. "碟中谍"任务单
2. 两张评价表
3. 奖状

把沙漏或闹钟作为计时的工具，让学生在规定时间内完成任务单，这表面上看是完成一个一个环节的任务，解决对应的问题，实则是训练学生对规则的遵守和有针对性地获取信息的能力。小组在集体行动时，每个组员要做到不奔跑、不叫喊、不推搡；在采访的同时要记录有效信息。这些都是教师在布置任务前需要提醒小组成员注意的地方。

六、"班级王国"项目

这是"自我管理和班级服务"中以班级为主题的游戏,让学生在讨论中规划班级中的岗位,了解不同岗位对应的职能及需要承担的责任,然后通过创造性地设计班徽、班旗、吉祥物等更深入地理解班级作为一个共同体所具有的内涵。学生把自己的想法融入班级文化项目的创建,自然生成归属感和荣誉感,在情境体验中进一步实现相互交流和自我管理。表5-7列出了"班级王国"项目实施指南。

表5-7 "班级王国"项目实施指南

建议时间:6小时	单元主题:学校的生活	项目活动:班级王国
项目描述: 讨论班级文化创建项目(班级吉祥物、班徽等),确定班级服务岗位。将讨论的结果制作成一张大海报,每个学生按上表示郑重承诺的小手印。		
主要关联技能:交流技能、自我管理技能		主要关联学科:语文、美术
项目目标: 1. 能够在小组内发表自己的意见并最终形成集体的决定 2. 能够负责任地承担自己的工作并努力完成 3. 能够热情地与同学交流并耐心倾听		

材料准备:
教师:1. 一张大的黑色海报纸
   2. 若干彩色A4纸
   3. 彩色无毒颜料若干(建议使用鲜亮的颜色)
   4. 用于投票的工具
   5. 评价量表
学生:1. 于课前收集的相关信息、资料
   2. 用于绘画的工具		

作品结果表现方式:制作完成一张大海报		
驱动性问题: 我们的班级就是一个小王国,我们都是王国里的小公民,那么你们希望用哪些吉祥物、口号或者花来代表我们的王国?王国里的小公民又要遵守哪些规则呢?		

续表

项目步骤	教师支架
一、完成必做任务 （一）确定班级岗位 1. 学生分小组确定班级内需要的岗位，并为这些岗位定名 2. 班级内交流各岗位及名称，进行筛选和整合 （二）选择一个岗位担任负责人 1. 学生根据个人喜好或能力，自荐或推荐他人担任岗位负责人 2. 学生在岗位名称后画上自己的自画像或粘贴自己的照片 （三）制定班规 1. 学生分小组制定班规 2. 班级内交流班规条款，进行筛选和整合	教师需先举例说明岗位的作用以及岗位定名的要求。 教师需将学生所确定的班级岗位进行记录。 如一个岗位有多名竞争者，教师可采取让竞争者发表竞职演讲，其他学生来投票的方式选出负责人。每个岗位可以由多名负责人进行管理，教师可酌情安排管理人员。
二、完成自由选择任务 （一）班级投票选出想为自己的班级王国贡献力量的相关内容 可选择的内容为： 为班级命名；设计班旗；设计班级吉祥物；设计班花；创作或选定一首班歌；设计班级口号；设计班徽。 （二）根据所选出的内容，采用相同的步骤完成创建过程 1. 将自己收集到的信息或设计在小组内展示，由小组成员推选出最佳设计 2. 对小组推选出的最佳设计进行全班投票，选出最符合本班特色的设计	教师引导学生讨论推选的规则，确定大多数学生能接受的规则。
三、制作海报 学生将所有的信息内容加以美化后提供给教师，并与教师一起将之制作成海报。	教师需将班规、班级岗位名称等事先打印在纸上以供学生进行美化。教师需将学生美化好的内容进行排版，师生共同将之布置在大海报纸上。

续表

项目步骤	教师支架
四、学生按手印 （一）学生观看了解海报内容 （二）明确按手印的方法以及相关安全知识 （三）学生郑重地在大海报纸上按上手印	教师需指导学生如何按手印及如何完成清洗。

项目评价：

1. "最佳设计"小奖状（或敲章等方式）（互评、教师评）
2. 活动参与自评表

评价内容	星级
提供班级岗位名称	☆☆☆
承担岗位职责	☆☆☆
提供班规条文	☆☆☆
为班级命名	☆☆☆
设计班旗	☆☆☆
设计班级吉祥物	☆☆☆
设计班花	☆☆☆
创作或选定班歌	☆☆☆
设计班级口号	☆☆☆
设计班徽	☆☆☆
自我满意度	☆☆☆

学生档案袋材料收集：

1. 活动参与自评表
2. 自己设计的各类图案素材

学生为班级的每一个元素贡献自己的创意，用语言、绘画、手工的形式表现出来，执教教师则应持开放态度，在过程中允许学生迸发奇思妙想和时不时互动讨论。在五花八门的想法中，教师要引导学生进行归类整理，借鉴别人想法的同时反观自己，明晰自己的优势和薄弱处。与此同时，从想法的诞生到相互碰撞，学生体验到的是集体的归属感和荣誉感，教师可顺势总结至此。

第四节 "自我组织"中的学与教

任何理念的真正落地,都在每一天的学与教的活动中发生,师生是活动的参与者、执行者和受益者,他们在每一个具体的项目中遭遇障碍和体验成功,最终习得技能和浸润情感。

一、项目化学习中的教师支持:教学中的随机应变

课堂讨论一定要指向一个唯一的答案吗?唯一的答案必定是掌握在教师手里吗?在"家常课"中,经常有学生不跟着教师预设的路线走,而生发出信马由缰的突发状况。这种情形很考验教师的教学机智,是顺势而为还是强拉过来?如果任由学生发散开去,也许会离教师的"初衷"越来越远,远到完成不了教学目标;如果强行扭转学生的思维方向,也许就此浇灭了学生的学习兴趣,学生学得勉勉强强不尽兴。

教师如何处理在教学过程中生成的种种看似小小的"意外",其实体现着教师的教学智慧。教师在教学中的随机应变,需要建立在了解这些"意外"背后原因的基础上。

> **班规谁来定?**
>
> 在一开始的班规制定中,我让所有学生畅所欲言。可是,竟然只有三四名比较活跃的学生能说出七八条他们认为应该遵守的班规,和我的预想差得很多。两分钟预备铃响之后做好上课准备、午餐礼仪等规则,学生都没有提到。怎么样调动学生的积极性,让他们通过回想班级中一些不文明的现象来设想文明的规则,怎么创造一个良好的班级文化环境,这些让我有点苦恼。

> 下课时，一个学生跑到我身边问："老师，到底什么才算班规？我觉得我们班级都做得挺好的啊！"这句话让我顿时恍然大悟。学生还小，他们往往都是照着老师的期望去做事情，如果没有老师的引导或者指点，他们就像无头苍蝇一般不知所措。而我如果希望他们自己定班规，自己发现，就必须用一些小技巧让他们知道怎么样的班级才算好的班级。
>
> 第二天，我给每个学生发了一张小纸片，让他们写最希望班级变成什么样子的词语。很多学生都写了"快乐，开心，爱"。于是，我顺势问学生，在班级中做哪些事情能够让我们快乐、开心、充满爱呢？这一问题顿时让班级炸开了锅。几乎所有学生都开始讨论起来，你一言我一语。随后我根据学生的发言整理出了属于我们自己班级的班规。

学习目标的实现，不全靠教师事先设计，很大程度上靠教师和学生在过程中的相互配合。这个案例中，教师先让学生畅所欲言，但是学生的发言并没有指向教师预先设想的答案，这是课程内容的原因，还是教师引导不当？这使教师有了教学反思。通过课后与学生交流，教师才发现学生并没有充分理解班规的含义，没有体验到班级是围绕他们左右的"组织"，他们想象中的班规不是教师想要的班规。于是，教师第二天调整策略，给每个学生发了纸片，变换提问内容"你最希望班级变成什么样子"，然后在学生们的头脑风暴中梳理出属于他们自己的鲜活的班规，这些班规的内容其实便是学生对群体间规则的理解。

二、项目化学习中的教师参与：师生共同学习

项目化学习的内容没有太多目的性，不精准地指向知识点，而且课程的内容有时是在过程中生成的，这使"亦师亦友"有了可能。由课堂内容生发的课堂组织形式，未必能在每一个班级中操作，需要教师随时审时度势、因地制宜地采取合适的形式。教师自身也可作为一个教学元素参与到学生的学习过程中，成为组织的新成员。在不是一味指向知识的教学目标引导下，师

生的共同学习显得不那么功利，双方在轻松自由的场景中展现真实的自己。

"下水"与学生一同游戏

与学科教学中的游戏活动不同，项目化学习中的活动不是为了巩固知识而存在，它所涉及的内容较学科活动更为广泛，实践性和趣味性更强。

在我自身执教、开展项目化学习的过往经历中，我常常不仅是活动的组织者、引领者，更多的时候，我和学生一样，都是活动的参与者，且常常乐在其中。以"二合一绘画"活动为例。活动要求每组以两人为单位（找自己的好朋友），共同完成一幅作品。但由于班级的人数是单数，所以实施该活动时，势必有学生会落单。如何解决这一客观存在的问题，我的做法是将自己也作为成员之一，参与到活动中去。有道是"亦师亦友"，老师未尝不能成为学生的朋友。而在实际操作的过程，我竟出乎意料地收获了许多来自学生朋友的邀请。从一个班主任的角度出发，这次活动的开展不仅培养了学生间协同合作的能力，也给了我走近学生的机会，拉近了师生之间的距离。

又如开展"穿越'红外线'"这一活动时，我将自己的角色在原有的活动组织者、监督者的基础上，又增加了活动障碍扮演者这一角色，由最终评选出的"最齐心协力"的小组成员来挑战，即加入我这个"障碍"后（困难在于：人数增加了、身高差加大了），该小组成员是否还能以较快的速度，顺利完成穿越任务。难度的升级给予了学生更多的思维空间，而教师的参与，则大大激发了学生的活动积极性，可谓"一箭双雕"。

在项目化学习中，学生要完成的任务是明确的，可是在完成任务的过程中，却充满了各种不确定的因素。在这个任务中，临时增加"活动障碍"，增加了一项规则，且教师的参与使得成员间原有的结构也被突破，但学生随即又产生了新的解决方法。通过这个游戏，学生懂得内容有变、结构有变，功能即有变。

三、项目化学习中的师生关系：真正在场的交往

师生关系是学生在学校中很重要的人际关系，当双方真正走近的时候，真实的交往才有可能发生。在常规的学科课堂教学中，师生关系往往锁定在教学内容的互动上，很少有相对休闲的交流，而"自我组织"中的活动主题，提供了师生在非正式场合交往的机会。正是这种半开放和开放的"采访"，让学生有了了解、理解教师的可能，也使得教师获得审视自己的契机，最后在相互作用中共情共生。

> **老师的心扉向孩子敞开**
>
> "学校的生活"中有一个叫"小记者大采访"的活动，让我记忆犹新。这个活动要求学生扮演小记者，每人在活动之前要准备好三个向老师提的问题。这三个问题可以包罗万象，涉及方方面面各种领域，也可以是你特别想知道的关于老师的秘密。总之，这个活动在大人眼里看来似乎有些"没大没小"，可是到了学生那里就变成了趣意盎然。
>
> 学生花时间准备了许多五花八门的问题，他们不是想要难倒老师，而是希望更亲近老师，更全方位地了解教他们的老师。记得活动开始时，每个学生都带着他们的笔记本像模像样地扮演起小记者，来到老师跟前，他们一边提问一边拿着笔记本记录，"您好，请问，谢谢，再见"这些礼貌用语都在交往中用到了。一个刚入学不久的一年级新生就能做到如此懂礼貌、守规矩，真的非常不容易。刚开始学生还比较拘谨，对老师的提问仅限于"您喜欢什么颜色，您喜欢吃什么水果或者您喜欢做些什么"。问题无大小，每一个问题，哪怕是重复的提问，老师也都非常耐心地一一作答。正是老师的耐心促成了学生有条不紊地对老师进行"轮番轰炸"。一眼望去，一个小小的体育馆挤满了排队等候提问的学生，不时传出学生愉快的笑声。
>
> 记得有一个学生问我："汪老师，您的梦想是什么？"我抬头看了看他，微微一笑，说道："我的梦想呀，就是希望看到我的学生能够读好

书，做好人。如果可以的话，将来有能力为社会做点小贡献。"面前的小男孩听了我的回答，似懂非懂地点点头说了声"谢谢"，就笑着跑开了。他的提问让我印象深刻，这让我想起自己刚刚踏上三尺讲台的初衷。

学生在各种关系中结识他人，同时反观自己、认识自己。和学生过于严肃认真的交往很难与其建立真实的关系，非正式场合的轻松交往能带来意想不到的效果。一年级小学生带着看似幼稚的问题去采访教师时，需要考虑不同场合、不同对象使用不同语言，事先在头脑中预演一番，然后运用到真实情境中，这个过程便是他们自我组织的一次体验。

四、项目化学习中的评价：没有标准答案的游戏活动

常规的学科作业都有标准答案，它指向"正确"。但项目化学习中的内容是开放的，指向"可能性"。学生在项目化学习中遨游，体验各种情境下的可能世界，这里不提供标准答案，而只激发学生无限的想象力，它让教师蹲下来，寻着学生的高度和视角看世界，看到一个个学生眼中的世界。

世界的复杂性在于它是变化的，人类的复杂性在于不同主体对同一客体可以有不同的解读。教师在主题式课堂上看到学生焕发出来的不同于学科课堂上的一面，会引发他对课堂评价的思考。

依着你的视线看世界

如果说语、数、英课堂学习的知识是系统的，那么在"1"的课堂上学生们学到的知识是发散的，甚至是一些碎片化的感悟。语文课上，拼音生字的发音是规定的，没有第二种答案，但在项目化学习中，学生可以以自己觉得合理的方式发挥。例如，在"九宫格找朋友"的活动中，学生要用画画的方式画出问题的答案，没有事先的讨论和交流，只有简单的几个例子，学生的思维完全没有受束缚。我经过一个小朋友身边时，看到他在"我最喜欢的老师"一格中画了两个小方格，我很好奇地问这是不是一副

> 眼镜。小朋友说："不是，这是你裤子后面的两个口袋。"当时我无法理解这名学生怎么能用两个口袋来代表一名老师，但后来我忽然明白，小朋友的身高大约都是一米三，裤子后的口袋恰好就是在他眼里最明显的特征，学生看到的世界和大人眼里的世界是不同的。在之后的课上，我经常尝试着蹲下和学生一起看问题，由此发现了许多以前没有注意到的细节。例如，讲台上多堆的物品会影响学生的注意力；正在分组时很难达到理想中的"快、静、齐"，因为学生站在每一个人都在寻找正确小组的群体中时很容易迷失方向。我也不急着否定课上一些学生的答案，而是先问周围学生有谁听明白了他说的话，这不仅考查了学生认真倾听的习惯，也让自己用更加接近学生的思维来考虑问题，做出更正确的引导。

如何评价学生脑洞大开的回答？怎样解释这些奇奇怪怪的答案是如何形成的？唯有教师蹲下来，才会看到一个不那么日常的世界，便会恍然大悟于学生的所思所想。一旦改变视角，教师对学生的评价也会转变。在这个案例中，"九宫格找朋友"活动的本意是打破被课桌椅固定的交往空间，促进分散在各个角落却有相似点的同学间的彼此了解。教师在巡视中发现了一个学生对"我最喜欢的老师"异于常人的描绘方式，交流之后才明白不同"视界"里的不同"世界"。

五、项目化学习中的课堂组织："形散"的课堂如何"神不散"

对一个没执教过项目化学习的教师来说，最大的隐忧是课堂纪律的维护，怕放得太散而收不回来。即便是上过这门课程的教师，对如何既调动学生学习积极性又做到"形散而神不散"，也没有十足的把握。

纪律真的那么重要吗？纪律需要刻意的维护吗？脱离了教学内容去维护课堂纪律，有必要吗？如何在教学内容中就地取材让学生进入状态？在这个"'特工'找胸卡"的活动中，我们也许能得到一点启发。

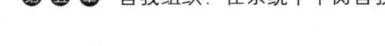

第五章 自我组织：在系统中平衡自我与组织　　149

"特工"找胸卡

今年是我第二年参与项目化学习。开学前第一次培训时，培训师王老师问我："项目化学习让你最头疼的事情是什么？"我脱口而出"纪律"。回想去年二年级学生的一些表现让我意识到纪律是项目化学习成功开展的关键因素。这十分考验教师的随机应变能力和对所教授内容的熟悉程度。

幸运的是，我已经有了一年的经验，所以备课时，我会多站在学生的角度，充分考虑可能会发生的情况。例如，在"胸卡换换换"的环节中，我预设了课堂可能会失控的情况，每个学生可能都会为了急于找到胸卡的主人而忍不住报出名字或学号，于是我在活动开始前先制定好规则。和以往不同的是，我并没有直接告诉学生不能发出声音，而是增加神秘感，要求学生拿到胸卡后不能被他人看到上面的名字，并赋予学生"特工"角色，要像特工一样把胸卡完好、迅速地归还给主人，如果在归还过程中一旦说话或者奔跑了就会暴露身份，获得的惩罚就是给所在小组扣五角星。活动开始后，教室内出乎意料地安静，每个学生都在集中精神寻找胸卡主人，纪律非常好。

课后我自己反思了一下在项目化学习中维持良好纪律的几个小经验：一是一定要在活动开始前让学生完全明白要求和规则，而不是简单地把活动讲清楚，一定要留给学生提问的时间，还要抛出问题，请学生作答，活动开始后按照顺序一步步完成，井井有条；二是用有趣的方式来介绍活动，要说得有趣，前提是教师自己对这个活动产生兴趣，然后用语音语调感染学生，调动课堂气氛；三是利用平时课堂上的口令来帮助教师维持课堂纪律，有时候一句"一二三，坐坐好"要比大声喊"安静"更有效。

驾驭课堂不仅是新教师最棘手的任务，也是参与项目化学习的老教师的痛点。一般情况下，课堂内容和形式灵活了，课堂组织容易"一放就散"。高效有序的课堂组织究竟是由教学内容决定还是由外在压力决定？"'特工'找胸卡"这个活动告诉我们，如果有好的游戏活动吸引学生全身心沉浸进去，纪律的维护不需要刻意，他们自然而然会在各个环节上流转。

本章结语

"自我组织"体现在很多场域中，学校当然是其中的一个，尤其对一年级学生而言，这是他们迈向社会的最重要的起点。以自己为圆心，家庭、学校、社区、所在城市等都是学生不断拓展和延伸的舞台，半径每延长一段，系统便复杂几倍，功能也随之整合和重组。学生从主题式课程中获得的这些体验，使得他们以后走上社会便能自然对接、快速融入，而一个能够及时融入新系统的人，他的社会性发展应该不会差。

我们在上述案例中看到，学生在体验人与人的协作、认识个体价值、参与班级设计等活动中，比他们在孤立的个人学习过程中能迸发出更高的热情、更多的机智、更深的思考，相互激发的结果是相互促进，管理自我最终达成服务他人。

作为教师，我们应该致力于设计更好的活动，见证学生践行"自我组织"，并希望他们由此走得更远。

穿越"红外线"

| 班级扑克牌作品1 | 班级扑克牌作品2 |

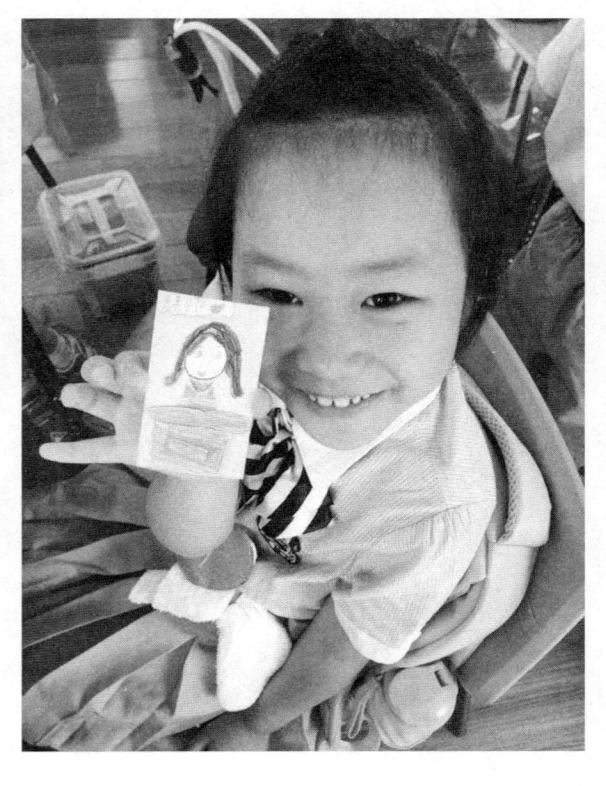

跨学科的项目化学习：
"4+1"课程实践手册

第 六 章

身边科学：探究现象与预测未知

"身边科学"课程旨在让学生探究生活中的自然科学，从研究"这一切都是由什么构成的"和"这一切是怎么发生的"出发，了解并预测生活中无处不在的科学。

每个儿童从有意识开始，就对周围的环境充满着好奇。

他们会指着各种各样的事物发问：

"为什么天空是蓝的？为什么小鱼要吐泡泡？"

这些问题常常让人摸不着头脑。

可是，即便是工作繁忙，大人们也千万不要拒绝回答这些问题，因为这正是儿童探索身边世界的表现，因为这种好奇心是儿童富有创造力的表现。

今天学校里也迫切需要开设这样的课程，告诉儿童：一朵花的盛开、一片叶子的凋零，都是植物逃不开的自然规律。

第一节 "身边科学"是什么？

"身边科学"是一门有趣的课程，也是儿童对生活世界的探索之旅。

他们将要走向哪里？将会遇到怎样有趣的动植物或者新奇有趣的事物？他们在旅途中有哪些成长和收获？"身边科学"就是儿童用科学之眼探索点点滴滴的身边现象。

一、现场

豆芽菜怎么长弯了？

家里新添了一个宝贝，那就是放在阳台上的鞋盒子。这个鞋盒子是小樾从家里杂物间翻出来的，非说自己要变一个神奇的魔术，神秘兮兮跑到自己的房间里"武装"起这个鞋盒子。等他再出来的时候，盒子的一侧被剪出了一个拳头大小的洞，其余的地方还用黑色的塑料袋包裹好。然后小樾把这个鞋盒子放在阳台上，还特意强调"我上学的时候，谁也不能偷偷打开"。

一天、两天……一个星期过去了。这一天，小樾回到家打开鞋盒子，兴奋地一会儿在屋里蹦来蹦去，一会儿抱着爷爷奶奶的腿，叫喊着："太好了！我的豆芽菜发芽了！发芽喽！"原来这孩子在鞋盒里种了一些豆芽呀。奶奶忍不住问他："这就是你说的奇迹啊？"小樾急着辩解："还没到呢，还没到呢，再等等。"

　　这之后的一天，小樾回到家后直接冲到阳台。然后我们就听到他的一声大叫："天哪，我的豆芽菜怎么长弯了？"这一叫把家里人都叫过来了。我们一看，果然啊，小小的豆芽菜向着窗口那边斜过去。我们心里都明白着呢，不过我们也偷偷使眼色，不直接告诉他原因。"妈妈，你说这是为什么呀？""那你要看看为什么豆芽菜弯向这边，不弯向另一边。"小樾皱皱眉头，在自己的观察记录表上写上"豆芽菜长弯了，弯向鞋盒子有洞的方向"。不一会儿，他又请求爸爸帮他给豆芽菜拍一张照片，打印出来贴在观察记录表上。这小家伙对这件事情还真上心。

　　第二天，小樾把鞋盒子带去了学校，说是要和同学们一起讨论和分享。一回到家，他就迫不及待地告诉我们："我同桌的豆芽菜也长弯了。""咱班上有人的豆芽菜被种死了，因为没浇水。""是光，有的鞋盒子没有洞，豆芽菜就不会长弯。"真好呀，没想到这个小小的活动竟然是老师精心设计与安排的。它可是让小樾爱上这门课程了。

　　这是一位家长在观察孩子在家里有趣的表现而记录下的文字。这其实是二年级"身边科学"中的一项探究活动。植物与环境之间的关系是怎样的？这是"身边科学"中的关键概念。

　　为了帮助学生对这一关系有直观的感知和初步的认识，我们围绕"动植物的适应性"这一主题，让学生观察鞋盒子里的豆芽是如何生长的。因为观察的周期比较长，一些学生把种子带回了家。当学生在给豆芽不断浇水、填写豆芽的生长记录表时，他们会发现豆芽会逐渐偏向阳光生长。在和小伙伴的讨论与交流中，他们会积累植物在生长过程中需要水、需要阳光这一直接的经验，从而感受植物对生存环境的依赖。

二、如何理解"身边科学"?

"身边科学"主要关注的是与学生日常生活紧密相关的自然科学。它旨在让学生探究生活中的自然科学,从研究"这一切都是由什么构成的"和"这一切是怎么发生的"出发,了解并预测生活中无处不在的科学。

"身边科学"主要关注的是生命科学和物质科学。在小学阶段,"身边科学"主要关注生命科学中的生物体结构与功能是怎样的、生物体和环境的相互依存表现在什么地方,关注物质科学中物质的结构和特征是怎样的、力如何相互作用以及能量和波的表现等。

在这个主题中,小学低年级的学生首先会从科学的角度来重新认识身边的自然环境,然后再来了解生活在环境中的动植物的种类、结构和功能。生命的多样性会让他们惊奇,无生命的物质的特征与状态改变也会让他们觉得不可思议。

在此基础上,小学高年级的学生则会关注力的相互作用、电与磁的变化这些更加复杂、更加抽象的科学概念和知识。我们不仅让学生知道"是这样",更重要的是让学生知道"为什么会是这样",这就需要学生参与探究活动,经历探究过程,用自己的眼睛去发现自然变化,用自己的语言去描述观察到的科学现象。在这门课程中,学生就像科学家一样去观察、记录和发现。

通过这种内容的选择与实施,"身边科学"主题式课程帮助学生把已有的对动植物的认识、对物质结构和功能的经验认识上升到理性的层面,逐渐引导学生更加理性地看待世界。在此过程中,学生将会经历提出问题、制订计划到实施运用的过程,将会在不断观察与记录之中提升自己的探究技能。

第二节 "身边科学"的项目结构

与其他主题一样,"身边科学"年级主题的界定确定了关键项目的设计方向。

一、"身边科学"的年级主题

"身边科学"从生活中常见的光和色彩入手,到探寻生命的多样性和物质世界的丰富多彩,再到抽象的力和运动、电与磁的世界,一步步引领学生探寻科学的现象。每一年级结合学生的身心发展特征,设计了贴近主题、形式丰富多样的项目内容。表6-1列出了一至五年级"身边科学"的主题及其内涵。

表6-1 一至五年级"身边科学"的主题及其内涵

年级主题	主题内涵
一年级:阳光下	色彩和物体的颜色; 光和影子的游戏; 镜子、放大镜、眼镜和照相机; 研究各种各样的光源; 光对生物的影响; 摄影和摄像; 光的传播、反射、折射及其有趣应用。
二年级:多样的生命	身边动植物的种类; 动植物的结构与功能; 动植物的适应性; 微生物的奇妙特点;仿生; 已经消失的生物。

续表

年级主题	主题内涵
三年级：物质和材料	身边的物质； 固态、液态、气态和状态变化； 混合、溶解和物质之间的反应； 物质变化的条件和快慢； 加工材料，节约资源； 天然物和人造物的不同。
四年级：力和运动	物体是运动的； 力的多样性和力的效果； 弹性、摩擦和沉浮； 力的大小和运动快慢的测量； 结构和稳定性； 各种各样的交通工具。
五年级：电和磁的世界	电路的基本元素； 导体、绝缘体的辩证关系； 静电的奥秘； 用电安全； 电和磁的关联性； 发电和输电。

二、项目结构：以二年级为例

二年级"身边科学"主要是为了让学生认识生命的多样性，能够关心身边的动植物的种类，对这些动植物的结构和功能有所了解；学会观察动植物的生活，理解由水、土壤和阳光等要素组成的环境影响着动植物的生存；在不断了解生命的特点之后，能够意识到生命的珍贵，对所有生命存有敬畏和尊重。小学生拥有着天然的好奇心，让学生在一个个活动之中探索动植物的奥秘非常符合他们身心发展特点。

1. 身边动植物的种类

这部分主要是让学生了解身边动植物的种类，能够说出常见动植物的名称，并且了解这些动植物之间的类属关系。在小学低年级，这样的做法不仅能够让学生养成观察身边环境的习惯，还能让学生感受生命的多样性，培养学生珍爱生命的意识。

这部分可设置以下项目来帮助学生了解身边动植物的种类：

- 多样的树叶；
- 破译动物密码；
- 动物逃脱王；
- 栖息地大迁移；
- 植物的根；

……

2. 动植物的结构与功能

这部分是让学生在了解动植物结构的基础上，初步了解动植物的结构具有生长、生存和繁殖等不同的功能。每种动植物的结构和功能各不相同，学生在这一板块将会通过一些实验来具体观察动植物的结构以及动植物是如何依靠这些结构来生存和发展的。

这部分可设置以下项目来让学生具体了解动植物的结构与功能：

- 菜叶变色法；
- 花叶的变化；
- 植物果实；

……

3. 动植物的适应性

这一部分主要是让学生感受动植物适应自然的能力。在前一个部分，学生已经了解动植物要依赖自身的身体结构生存。然而，仅仅依靠自身是不够的，动植物的生存还需要考虑自然环境的影响。在这一部分，学生将会和教师一起探究自然环境中的光、土壤、水源等要素是如何影响动植物的生长的，动植物又是如何适应环境的。

这部分可通过以下项目来让学生了解动植物对环境的适应性。

- 松鼠搬家；
- 变形虫；

- 植物的向光性；

……

4. 微生物的奇妙特点：仿生

这一部分学生将会观察微生物的仿生特征。仿生是指模仿生物系统的功能和行为，是建立在适应自然进化基础上的一种改变，这其实是微生物适应自然环境的一种方式。学生将会和教师一起探究仿生这一特点对微生物的生存和发展的影响。

具体来说，学生将会通过以下项目来感受微生物仿生这一奇妙的特点：

- 植物的保护色；
- 动物的伪装；
- 迷彩服设计师；

……

5. 已经消失的生物

这一部分是让学生走近那些目前已经消失了的生物，带领学生寻找它们曾经在地球上生活的证据。通过这些内容的学习，学生将会进一步了解生命的多样性，以及一切生命是如何依赖环境而生存的。

具体来说，学生将会通过以下项目来寻找那些消失了的动植物的足迹：

- 史前生物大配方；
- 年轮线索；
- 植物果实；
- 制作印模化石；

……

第三节 "身边科学"项目群：以二年级 "多样的生命"主题为例

"身边科学"主题分布在二年级的具体任务主要围绕"多样的生命"展

开，而这一主题又由五个部分构成，探讨了动植物的生存问题。本章选取了三个部分中的六个具体游戏，分别如下：

第一部分的"多样的树叶""破译动物密码""动物逃脱王"3个活动，让学生通过角色体验来认识动植物的种类，在有趣好玩的游戏中了解动植物的明显特征。

第三部分的"变形虫"游戏，让学生了解动植物的适应性，在多次变化形状的练习中模拟变形虫的运动，探求变形虫是如何适应自己身边环境的。

第五部分的"年轮线索""植物果实"游戏，试图把学生的目光移向那些已经消失了的动植物，让学生在数学测算中还原植物的生长情况和身边环境的大致状况。

一、"多样的树叶"项目

为了让学生感受生命的多样性，我们选择了学生最为熟悉的树叶作为切入内容。在"多样的树叶"项目中，学生对自己收集到的树叶进行观察、判断与分类。学生在这个过程中需要了解所收集的树叶的种类、颜色、形状等特征，并根据这些特征来进行分类。树叶的周长涉及数学学科中周长的计算，研究报告的撰写涉及语文学科中的文字表达，而树叶的张贴展示则考验学生艺术学科中的设计能力，因而这个活动融合了多种学科知识。

在"多样的树叶"项目中，最考验学生探究技能中的观察和记录能力。观察能力是指在观察过程中调动自己的多种感官来获取信息的能力。记录能力是指收集信息、记录数据和分析数据的能力。按照一定标准对树叶进行合理分类，要求学生能够仔细观察树叶之间的相同点和不同点。如何准确、完整地描述这种分类的标准是对学生记录能力的一种挑战。表6-2列出了"多样的树叶"项目实施指南。

表6-2 "多样的树叶"项目实施指南

建议时间：1.5小时	单元主题：多样的生命	项目活动：多样的树叶
项目描述：仔细观察自己收集的数种树叶，试着找出每片树叶的名称，量出每一片树叶的周长，根据树叶的特点进行分类。将树叶贴在研究报告上，并写出每一类树叶的共同特点。		
主要关联技能：探究技能（观察、记录）、交流技能（说、聆听）		**主要关联学科：**艺术、语文、数学
项目目标： 1. 能够说出所收集树叶的名称、颜色、形状，并按照自己的分类标准将树叶进行分类 2. 能够用手中已有的工具通过不同的测量方法量出所有叶子的周长并记录下来 3. 能够观察两类树叶各自的共同点，并记录在表格中 4. 能够通过评价表对自己和他人的作品做出合理的评价		
材料准备： 教师：1. 放大镜 　　　2. "多样的树叶"研究报告 　　　3. 用于计时的工具（沙漏、闹钟或其他） 　　　4. 评价量表 　　　5. 学生名单若干张 学生：1. 用于记录的文具（铅笔、尺等） 　　　2. 树叶6片（手掌大小） 　　　3. 棉线		
作品结果表现方式：每人制作完成的"多样的树叶"研究报告		
驱动性问题： 树叶是纷繁多样的，你能收集3—5种不同的树叶，测量它们的周长，寻找它们的共同点，并完成树叶研究报告吗？		

项目步骤	教师支架
一、制订计划 （一）学生分小组观察树叶，查找这些树叶的名称。根据树叶的特点，将树叶分成两大类（可以按照颜色、形状、大小等分类） （二）学生分小组制订"多样的树叶"研究计划	根据学生观察到的树叶的特点，提供基本的知识内容；根据学生制订的研究计划，帮助学生总结研究的基本要素。

续表

项目步骤	教师支架
计划要求： 1. 明确观察树叶所用工具的安全使用要求 2. 明确观察树叶的要素（诸如叶子的周长、颜色、相同之处等） （三）交流计划，形成班级内树叶研究报告的统一要求 建议每份研究报告有规定要素和自选要素，规定要素包括树叶的周长；自选要素可以包括叶子的颜色、外形、纹理等。	
二、完成"多样的树叶"研究报告 学生根据树叶研究的要素以及所了解到的信息，在规定的时间内完成"多样的树叶"研究报告。	教师根据学生研究的情况，随机指导学生如何观察树叶的特征。 帮助学生用沙漏或小闹钟来进行时间管理。
三、组内交流 学生将自己完成的"多样的树叶"研究报告与他人交流，并根据他人的交流内容，完善自己的研究报告。	
四、班级展示 小组推选出最为严谨的研究报告，用张贴、陈列的方式进行班级展示。全班同学互相参观，并用投票（贴粘纸等）方式选出"十佳"研究报告。	

项目评价：
1. "十佳"研究报告小奖状（或敲章等方式）（互评、教师评）
2. "多样的树叶"自评表

评价内容	星级
积极参与讨论内容，并发表自己的观点	☆☆☆
仔细观察自己的树叶	☆☆☆
能够测量出树叶的周长	☆☆☆
正确使用工具	☆☆☆
能够找到树叶的相同点	☆☆☆
自我满意度	☆☆☆

续表

3. "多样的树叶"作品评价表

评价内容	自评星级	互评星级
树叶名称	☆☆☆	☆☆☆
树叶的周长	☆☆☆	☆☆☆
树叶分类	☆☆☆	☆☆☆
树叶相同点的研究	☆☆☆	☆☆☆

学生档案袋材料收集：
1. "多样的树叶"研究报告
2. 两张评价表
3. 奖状

"多样的树叶"项目中研究报告的撰写让学生从小学习一些科学观察的方法，比如比较和分析的方法。此外，学生在完成这个项目后一定会惊叹自然的神奇，仅仅是树叶之间的差异都如此鲜明，更何况是自然界中其他的动植物。这个活动也会让学生在以后的生活中更加留心观察身边的世界。

二、"破译动物密码"项目

"破译动物密码"是"身边动植物的种类"主题下的任务。生命多样性的保护是"身边科学"主题关注的重要内容。"破译动物密码"主要关注的是濒危动物物种，借助这个活动一方面是让学生了解这些动物的名称和图片，另一方面是希望学生关注濒危物种艰难的生存状态，激发学生对身边动物的关爱之心。

"破译动物密码"主要关注的是探究技能中的实施运行能力。实施运行能力主要指的是学生利用数学、模型、统计等工具设计实施方案的能力。在活动开始前，教师邀请学生分小组自行设置此次活动的方案，然后全班进行交流，对小组提出的方案进行谈论和修改。在这样的过程中，学生逐渐把握设计实施方案中的人员分工、规则制定等关键要素。表6-3列出了"破译动物密码"项目实施指南。

表6-3 "破译动物密码"项目实施指南

建议时间：4小时	单元主题：多样的生命	项目活动：破译动物密码

项目描述：
以小组为单位，首先通过寻找、破译摩斯代码获得十种濒危动物的名称券。然后，根据名称券寻找动物图片，并把名称券和图片贴在大彩纸上。在获取十大濒危动物的资料后，每个组员选择一种动物学习相关资料，并填写资料单。最后每个组员为这种动物寻找5张关键词卡片，贴在动物图片上。

主要关联技能：探究技能（实施运行）	主要关联学科：艺术、体育、语文

项目目标：
1. 能够寻找、破译并记录摩斯密码
2. 能够通过阅读资料了解十大濒危动物
3. 能够乐于和他人交流分享
4. 能够通过评价表对自己和他人的作品做出合理的评价

材料准备：
教师：1. 所有老师英文名字的摩斯密码，并将纸塑封贴到校园各个角落
2. 动物名称券、十大濒危动物的资料、资料单、A4海报纸、动物关键词卡片
3. 用于计时的工具（沙漏、闹钟或其他）
4. 评价量表
5. 学生名单若干张
学生：笔记本和笔

作品结果表现方式： 十大濒危动物海报、濒危动物资料单

驱动性问题：
你知道十大濒危动物是哪些动物吗？你能通过破译密码的方式找到它们吗？

项目步骤	教师支架
一、制订计划 （一）学生分小组了解摩斯密码 （二）学生分小组制订"破译动物密码"的计划 计划要求： 1. 明确小组内分工，每个组员都要寻找和记录摩斯密码（建议每个摩斯密码至少记录两次） 2. 明确寻找密码的活动规则	提供摩斯密码，并教会学生如何破译。 引导学生更快地完成寻找、记录和破译摩斯密码任务。

续表

项目步骤	教师支架
（三）交流计划，形成班级内破译动物密码的统一要求，制定活动规则 活动规则包括寻找摩斯密码的安全和纪律、记录和破译摩斯密码的顺序、如何确保密码的正确性等方面。	
二、分组活动 1. 学生根据制定的活动规则，以小组为单位，在校园内寻找、记录摩斯密码。记录完全后，回到教室进行密码破译。根据破译的密码寻找相应的教师，换取动物名称券和动物图片 2. 根据获得的动物名称券和动物图片完成十大濒危动物海报 3. 阅读十大濒危动物的资料，选择一种动物进行研究，完成动物资料单	教师提醒学生活动过程中安全的重要性。 用沙漏或闹钟记录活动用时。
三、组内交流 将自己研究的动物和组内其他同学分享，并认真倾听其他组员的交流内容。	
四、班级展示 用张贴、陈列等方式摆放各小组学生制作完成的海报和资料单。全班同学互相参观，并用投票（贴粘纸等）方式选出最佳海报和"十佳"资料单。	

项目评价：

1. "破译动物密码"小奖状（或敲章等方式）（互评、教师评）
2. "破译动物密码"自评表

评价内容	星级
认真记录、破译摩斯密码	☆☆☆
阅读十大濒危动物的资料	☆☆☆
找寻动物关键词卡片	☆☆☆
完成资料单	☆☆☆
和同伴交流十大濒危动物	☆☆☆
自我满意度	☆☆☆

续表

项目步骤	教师支架
3. "破译动物密码"活动评价表 | 评价内容	自评星级	互评星级 | |---|---|---| | 遵守活动规则 | ☆☆☆ | ☆☆☆ | | 积极参与活动 | ☆☆☆ | ☆☆☆ | | 配合组员完成任务 | ☆☆☆ | ☆☆☆ | | 活动中不放弃 | ☆☆☆ | ☆☆☆ | 学生档案袋材料收集： 1. 十大濒危动物海报、资料单 2. 两张评价表 3. 奖状	

"破译动物密码"项目带有典型的游戏化学习的特征，这一点非常符合低年级学生活泼好动的年龄特点。为了能够在这场游戏中胜出，学生在参加活动之前要进行资料的收集和整理工作。在这样的准备过程中，学生将会慢慢了解濒危动物的特点，也能对动物产生一种关爱和保护之情。此外，这个活动还让学校所有的教师参与其中，增加了教师和学生之间的人际互动，有利于营造良好的校园文化。

三、"动物逃脱王"项目

"动物逃脱王"是"身边动植物的种类"主题下的项目。在这一项目中，小组成员将分别扮演一种动物，同时利用道具来模拟这种动物的自我保护系统。在受到其他小组扮演的天敌的追捕时，可以利用这些保护系统进行反追捕或者自我保护。最后选出班级"动物逃脱王"。这样的角色扮演活动，不仅需要学生熟知自己所扮演动物的名称和习性，还需要了解它与自然环境、其他生物之间的关系。这次活动需要学生分小组设计活动方案和规则，主要培养的是学生探究技能中的实施运行能力。表6-4列出了"动物逃脱王"项目实施指南。

第六章 身边科学：探究现象与预测未知

表6-4 "动物逃脱王"项目实施指南

建议时间：40分钟	单元主题：多样的生命	项目活动：动物逃脱王
项目描述：小组成员分别扮演一种动物，同时利用道具来模拟这种动物的自我保护系统，在受到其他小组组员扮演的天敌的追捕时，可以利用这些保护系统反追捕或自我保护。		
主要关联技能：探究技能（实施运行）、交流技能（说、聆听）		**主要关联学科：**科学、体育、戏剧
项目目标： 1. 能够了解动物的特性，分析动物的自我保护能力 2. 能够通过观察动物的自我保护行为分析保护系统的类型 3. 能够乐于和他人交流分享 4. 能够通过评价表对自己和其他人的作品做出合理的评价		
材料准备： 教师：1. 一块软垫、一根短绳、一个喷水壶（喷雾喷头）、一个绳网、一根软塑料棍 　　　2. 用于计时的工具（沙漏、闹钟或其他） 　　　3. 评价量表 　　　4. 学生名单若干张		
作品结果表现方式：小组活动展示		
驱动性问题： 你们知道大自然中小动物们是如何保护自己的吗？你能用自己的肢体动作来模仿小动物们在遇到危险的时候是如何逃脱的吗？		
项目步骤		教师支架
一、制订计划 （一）学生分小组观察给出的动物，初步了解这些动物保护系统的特征 （二）学生分小组制订"动物逃脱王"活动计划 计划要求： 1. 明确小组内分工，即每个组员扮演哪一种动物（建议根据小组成员的实际能力，有选择地安排人员） 2. 明确每个成员扮演动物的任务（诸如蜜蜂通过牺牲自我对付敌方；蜘蛛用网网住敌方等）		根据学生观察动物特性的结果，提供基本的知识内容；根据学生制订的活动计划，帮助总结活动规则。

续表

项目步骤	教师支架
（三）交流计划，形成班级内"动物逃脱王"活动的统一要求 根据动物的自我保护系统，制定活动规则，如什么情况下被淘汰、什么情况下不能捕捉动物、活动时长、如何判定结果等。	
二、分组活动 学生根据制定的活动规则，两组之间进行活动（活动过程中小组成员要始终扮演好动物的角色，不能出现违反动物特性的行为），其他小组作为裁判判定结果。	教师提醒学生活动过程中安全的重要性。 用沙漏或闹钟计时。
三、组内交流 （一）每个学生将自己在活动中遇到的问题或想到的更好的方法和组内成员进行交流 （二）根据组内的交流情况确定最终扮演的动物角色	
四、班级展示 全班推选出最遵守活动要求的两个小组进行班级展示。其他同学参观，并用投票（举手等）方式选出班级的"动物逃脱王"。	教师引导学生明确投票的原则。

项目评价：

1. "动物逃脱王"小奖状（或敲章等方式）（互评、教师评）
2. "动物逃脱王"自评表

评价内容	星级
积极参与讨论活动，并发表自己的观点	☆☆☆
仔细观察自己所要扮演的动物	☆☆☆
了解组内其他人员所扮演的动物的特性	☆☆☆
积极、安全地完成活动	☆☆☆
自我满意度	☆☆☆

续表

项目步骤	教师支架
3."动物逃脱王"活动评价表 	评价内容	自评星级	互评星级
---	---	---
遵守活动规则	☆☆☆	☆☆☆
积极参与活动	☆☆☆	☆☆☆
配合组员完成任务	☆☆☆	☆☆☆
活动中不放弃	☆☆☆	☆☆☆		

学生档案袋材料收集：

1. 两张评价表
2. 奖状

"动物逃脱王"项目也带有典型的游戏化学习的特征。在这场游戏中，学生的胜败关乎自己所扮演的动物的生存问题。学生越是能灵活运用自己的技能进行逃脱，对这种动物如何生存就会理解得越深。要特别明确的一点是，在活动开始前，教师需要引导学生明确游戏的规则，要了解每个人所扮演的动物的特征与生存秘密武器。否则，活动很容易陷入一种无序的状态。

四、"变形虫"项目

"变形虫"是"动植物的适应性"主题下的项目。所谓物竞天择，适者生存。动植物只有更好地适应自然环境，才有可能生存下来。每种动植物都有自己特有的适应环境的方式。在这个项目中，学生将会通过模拟变形虫的运动，感受变形虫对环境的适应。表6-5列出了"变形虫"项目实施指南。

表6-5 "变形虫"项目实施指南

建议时间：2小时	单元主题：多样的生命	项目活动：变形虫
项目描述： 每组准备一根15米的长绳，每个组员手握绳子中的某一处，根据教师的指令，变化成各种形状：三角形、正方形、五边形等。		

续表

建议时间：2小时	单元主题：多样的生命	项目活动：变形虫
主要关联技能：探究技能（观察、记录）、交流技能（说、聆听）	主要关联学科：体育、艺术、科学、数学	

项目目标：
1. 能够观察"变形虫"的运动过程，并设计一个变形图形
2. 能够记录组内他人的设计图，并进行分析，从而完善自己的设计
3. 能够通过评价表对自己和他人的作品做出合理的评价

材料准备：
教师：1. "变形虫"设计报告
　　　2. 两根15米左右的长绳
　　　3. 用于计时的工具（沙漏、闹钟或其他）
　　　4. 评价量表
　　　5. 学生名单若干张
学生：用于完成设计报告的绘画工具（建议用彩色铅笔或水彩笔）

作品结果表现方式： 每人制作完成的变形虫设计报告

驱动性问题：
你们知道动物是如何适应自然环境的吗？你们能和小伙伴一起模仿变形虫的变形运动吗？

项目步骤	教师支架
一、制订计划 （一）学生分小组观察活动的绳子和动植物的特性 （二）学生分小组制订"变形虫"的绘制计划 计划要求： 1. 明确小组内每个组员在绘制动物或植物的变形图形中的分工 2. 明确绘制"变形虫"图形的方法（如利用三角形、正方形、长方形等图形的组合） （三）交流计划，形成班级内"变形虫"设计报告绘制的统一要求 建议每份"变形虫"设计报告要有规定要素和自选要素，规定要素包括按照小组人员数量设计图形；自选要素可以是图形的选择等。	根据学生观察变形虫的结果，提供基本的知识内容；根据学生制订的绘制计划，帮助学生总结如何绘制最简化的图形。

续表

项目步骤	教师支架
二、绘制"变形虫"设计报告 学生根据所要绘制图形（动物或植物）的特点及所了解到的信息，在规定的时间内绘制"变形虫"设计报告。	教师根据学生绘制的情况，指导有困难的学生用最简化的图形来表达动物或植物。 帮助学生用沙漏或闹钟来进行时间管理。
三、组内交流 （一）每个学生将自己绘制完成的"变形虫"设计报告与他人交流，从小组中选择一个最喜欢的变形图形记录下来 （二）组内交流如何能够快速完成六个图形的变化	教师引导学生思考如何将六个图形连在一起变化，由简至繁，由易至难。 帮助学生用沙漏或小闹钟计时。
四、班级展示 每个小组轮流进行"变形虫"成果展示。其余同学参观，并用投票（举手等）方式选出"十佳"变形虫小组。	

项目评价：
1. "十佳"变形虫小组小奖状（或敲章等方式）（互评、教师评）
2. "变形虫"自评表

评价内容	星级
积极参与讨论活动，并发表自己的观点	☆☆☆
仔细观察自己所要绘制的动物（植物）	☆☆☆
能够根据动物（植物）绘制变形图形	☆☆☆
能够将绘制的图形最简化	☆☆☆
能够完成变形图形的制作	☆☆☆
自我满意度	☆☆☆

续表

3. "变形虫"作品评价表

评价内容	自评星级	互评星级
个性设计图形	☆☆☆	☆☆☆
个性设计图形原形	☆☆☆	☆☆☆

学生档案袋材料收集：
1. 绘制的"变形虫"设计报告
2. 两张评价表
3. 奖状

这个活动不仅关乎科学和体育知识，还涉及了数学中的图形变化与美术中的图形设计。同时，这个过程也非常考验学生的组织和领导能力，在每个小组都在变换组合图形的过程中，如果每个人都只顾发表个人的意见，不能明确自己的位置对应变换图形中的位置，那么完成图形变换的效率将会大打折扣。

五、"年轮线索"项目

"年轮线索"是"已经消失的生物"主题下的项目。这个项目中的驱动性问题能够引发学生对身边世界的好奇。美国《下一代科学课程标准》指出，具备科学素养的表现之一是"一个人对日常所见所经历的各种事物能够提出、能够发现、能够回答因好奇心而引发的一些问题"。面对一棵枯树，我们也许会好奇，它曾经屹立在风雨中多长时间了？我们如何来判断呢？在"身边科学"主题式课程中，这是一个非常好的驱动性问题。表6-6列出了"年轮线索"项目实施指南。

第六章 身边科学：探究现象与预测未知　175

表6-6　"年轮线索"项目实施指南

建议时间：1小时	单元主题：多样的生命	项目活动：年轮线索
项目描述： 观察年轮，计算树的年龄。根据年轮上的信息，画出树的样子。		
主要关联技能： 探究技能（观察、记录）、交流技能（说、聆听）	**主要关联学科：** 自然、美术、数学	
项目目标： 1. 能够仔细观察和收集他人给予的信息 2. 能够完整记录所观察到的信息 3. 能够分析数据并且乐于和他人交流分享 4. 能够通过评价表对自己和他人的作品做出合理的评价		
材料准备： 教师：1. 三种不同的年轮图 　　　2. 绘制年轮的线索报告 　　　3. 用于计时的工具（沙漏、闹钟或其他） 　　　4. 评价量表 　　　5. 学生名单若干张 学生：用于制作卡片的绘画工具（建议用彩色铅笔或水彩笔）		
作品结果表现方式： 每人制作完成的年轮线索报告		
驱动性问题： 学校操场上有一棵被砍伐的树，我们如何判断它已经生长多少年了呢？		

项目步骤	教师支架
一、制订计划 （一）学生分小组观察年轮，初步了解年轮的特征，主要关注年轮的圈数、疏密 （二）学生分小组制订年轮线索绘制计划 计划要求： 1. 明确小组内每个组员在绘制还原树木年轮的示意图（建议每种年轮由两名学生绘制，还原树木的生活情况）	根据学生观察年轮的结果，提供基本的知识内容；根据学生制订的绘制计划，帮助学生总结绘制的基本要素。

续表

项目步骤	教师支架
2. 明确年轮绘制的要素（诸如日照方向、叶子疏密、树根的粗细、树的高度等） （三）交流计划，形成班级内年轮线索绘制的统一要求 建议每份年轮线索报告要有规定要素和自选要素，规定要素包括诸如日照方向、树木的高度、树干的粗细、树叶的疏密；自选要素可以是周围的生长环境等。	
二、绘制年轮线索报告 学生根据年轮线索绘制要素及所了解到的信息，在规定的时间内绘制年轮线索报告。	教师根据学生绘制的情况，随机指导学生如何更好地还原树木原本的生活环境。 帮助学生用沙漏或闹钟来进行时间管理。
三、组内交流 （一）每个学生将自己绘制完成的年轮线索报告和他人交换，让其他学生通过绘制的报告说出年轮的线索 （二）根据他人绘制的报告说出年轮的线索	教师根据学生的报告，帮助学生获得寻找年轮线索的方法。
四、班级展示 小组推选出绘制正确的年轮线索报告，用张贴、陈列的方式进行班级展示。全班同学参观，并用投票（贴粘纸等）方式选出"十佳"年轮线索报告。	在学生参观的过程，教师引导学生表达"十佳"年轮线索报告到底好在哪里。

项目评价：

1. "十佳"年轮线索报告小奖状（或敲章等方式）（互评、教师评）
2. "年轮线索"自评表

评价内容	星级
积极参与讨论活动，并发表自己的观点	☆☆☆
仔细观察自己所要绘制的年轮	☆☆☆
能够根据年轮完整绘制出原来的树木	☆☆☆
能够绘制出所有的年轮规定要素	☆☆☆
能够准确绘制年轮的规定要素	☆☆☆
自我满意度	☆☆☆

续表

3. "年轮线索"作品评价表

评价内容	自评星级	互评星级
日照方向	☆☆☆	☆☆☆
树木的高度	☆☆☆	☆☆☆
树叶的疏密	☆☆☆	☆☆☆
树干的粗细	☆☆☆	☆☆☆

学生档案袋材料收集：
1. 绘制的年轮线索作品
2. 两张评价表
3. 一幅年轮图
4. 奖状

在这个活动实施的过程中，学生要借助自然规律来解决树木生长的年龄问题。树木的生长是有规律可循的，集中体现在树根的纹理之中。学生只有了解了这点之后，才能利用数学知识来解决这一问题。并且，学生不仅要根据科学知识还原这棵树的样子，还要利用美术等学科的知识把树画得具有一定的观赏性。

六、"植物果实"项目

"植物果实"是"动植物的结构与功能"主题下的一个项目。动植物的每部分结构都与它在动植物的生存和繁衍中应该承担的功能相对应，学生了解这些结构与功能的过程，也是他们理解动植物如何生存与繁衍的过程。

在这次探究活动中，学生需要仔细观察每种植物的外部形状和内部结构，并正确记录所观察到的现象。这个活动主要考查的是学生探究技能中的观察和记录能力，同时这个活动能够发展学生分析和比较的思维。表6-7列出了"植物果实"项目实施指南。

表6-7 "植物果实"项目实施指南

建议时间：1小时	单元主题：多样的生命	项目活动：植物果实
项目描述： 观察新鲜桂圆、苹果、橘子的外形以及它们的核，完成研究报告。		
主要关联技能：探究技能（观察、记录）、交流技能（说、聆听）		**主要关联学科：**科学、语文、艺术
项目目标： 1. 能够观察三种不同水果的外部形状和内部结构 2. 能够正确记录所观察到的数据 3. 能够通过记录的数据分析三种水果的异同 4. 能够通过评价表对自己和他人的作品做出合理的评价		
材料准备： 教师：1. 放大镜 　　　2. 用于计时的工具（沙漏、闹钟或其他） 　　　3. 评价量表 　　　4. 学生名单若干张 学生：1. 新鲜桂圆、苹果、橘子 　　　2. 用于制作卡片的绘画工具（建议用彩色铅笔）		
作品结果表现方式：每人制作完成的植物果实研究报告		
驱动性问题： 不同植物的果实一样吗？从哪些地方比较它们的不同呢？请你仔细观察，完成植物果实研究报告。		

项目步骤	教师支架
一、制订计划 （一）学生分小组初步了解观察植物果实可以从哪些方面着手 （二）学生分小组制订植物果实研究计划 计划要求： 1. 明确观察植物果实的两种结构（内部结构和外部结构） 2. 明确观察植物果实的要素（如果实外部和内部的颜色、大小和特征等） （三）交流计划，形成班级内植物果实研究报告的统一要求	根据学生观察植物果实的特点，提供基本的知识内容；根据学生制订的研究计划，帮助学生总结研究植物果实的要素。

续表

项目步骤	教师支架
建议每份研究报告要有规定要素和自选要素，规定要素包括诸如颜色、大小；自选要素可以是果实的表皮、味道、香气等。	
二、完成植物果实研究报告 学生根据观察到的植物果实要素以及所了解到的信息，在规定的时间内完成植物果实研究报告。	教师根据学生研究的情况，随机指导学生观察植物果实的特征。 帮助学生用沙漏或闹钟来进行时间管理。
三、组内交流 每个学生将自己完成的植物果实研究报告和他人交流，并根据他人的交流内容，完善自己的研究报告。	教师引导学生学会认真倾听别人发言，学会等待。
四、班级展示 每个小组推选出最为严谨的研究报告，用张贴、陈列的方式进行班级展示。全班同学参观，并用投票（贴粘纸等）方式选出"十佳"植物果实研究报告。	在学生参观的过程中，教师引导学生表达"十佳"植物果实研究报告到底好在哪里。

项目评价：
1. "十佳"植物果实研究报告小奖状（或敲章等方式）（互评、教师评）
2. "植物果实"活动自评表

评价内容	星级
积极参与讨论活动，并发表观点	☆☆☆
观察果实的外部	☆☆☆
观察果实的内部	☆☆☆
准确记录观察到的数据	☆☆☆
分析总结记录的数据	☆☆☆
自我满意度	☆☆☆

续表

3. "植物果实"作品评价表

评价内容	自评星级	互评星级
果实的颜色	☆☆☆	☆☆☆
果实的大小	☆☆☆	☆☆☆
果实的特征	☆☆☆	☆☆☆
果实的结构	☆☆☆	☆☆☆

学生档案袋材料收集：
1. 植物果实研究报告
2. 两张评价表
3. 奖状

在"植物果实"项目实施中，教师鼓励学生从多种角度比较不同植物果实的特点，这样的要求激励学生在观察植物果实的时候要更加细心。在最后的研究报告中，教师鼓励学生根据自己的特长来呈现研究结果的形式。有些学生选择使用文字的形式，有些学生选择使用图画的形式。这是学生个性的彰显。

第四节 "身边科学"中的学与教

"身边科学"课程是教师带领学生探索身边世界的物质与规律的旅程。在课程实施过程中，教师需要首先保护好学生探索身边事物的好奇心，指引学生细心观察，科学地寻找出背后的规律。学生与学生之间碰撞着思维的火花。在项目化学习中，学与教的活动也呈现出不一样的风景。

一、项目化学习中的学生转变：从被动到主动

"身边科学"课程需要教师在课堂上带领学生认识各种各样的植物和动物，让学生了解动植物的结构和功能，还让学生在角色扮演中体会动植物的生存方式，这些能让学生慢慢理解动植物与环境的关系，人类应该与这些动植物如何相处等。这些在课堂中的探究是为了让学生更好地回归到日常生活之中。

教师鼓励学生提出自己的疑问，然后设计方案来解决问题。这些问题应该是学生从内心深处想要研究的，而不是以往教师"让"他们来研究的。学生只有对一件事情感兴趣，才会特别想要去了解。可现在的教育中兴趣常常"缺席"。如果一直要求学生记住各种各样的知识，学生很快就会感到厌倦。学习兴趣的"缺席"会让学生变得越来越习惯于接受教师所说的内容，而不再自己去思考。这样学生的学习热情会逐渐减退，学习的效率会降低。"身边科学"课程通过激发学生的学习兴趣，鼓励学生成为主动的学习者、积极的探索者。而这种主动性和积极性也会延伸到其他学科，从而改变学生整体的学习面貌。下面就是这样的例子。

给孩子"松绑"，孩子更主动学习

小汤姆的学习成绩不好，他妈妈便总是利用他的休息日给他补习。看着小小年纪的汤姆整日愁眉苦脸，我试着和他妈妈沟通这个问题。没想到他妈妈向我大诉苦水："老师，他总是记不住啊，我只能让他反复记，人家读一遍，他至少读三遍，"她还想跟我请假，"他能不能不参加学校的'4+1'课程？我觉得反正他也学不到什么知识，还不如让他利用这个时间多补补主科。"这当然不行，我以这是学校的重点课程为理由拒绝了她。

过了一段时间，汤姆妈妈又来找我了，这次她笑眯眯地说："老师，我发现这孩子变了，以前他回到家就爱看动画片，我们担心他视力受影响，让他做点别的事放松放松，他就委屈，说他只觉得看动画片最放松。可最近，我跟他爸爸都发现，他不再盯着电视看了，这两天就盯着从

学校带回来的那个小盒子看，说要看看他的豆苗发芽了没。还主动要求我们买介绍植物的书给他看，说是他想研究研究。"

我一听就明白了，就把"身边科学"课程中涉及这个内容的任务向她解释了一下。汤姆妈妈开心地说："老师，我现在觉得，咱们学校的这个课程真的是太好了，以前我们家孩子都是被我们'绑架'着学习，最大的问题就是没有主动性。要是以后都像这次这样，能自己主动要求学就好了。"

其实，儿童天生就有这种探究的欲望和想法。如果只是让学生在课堂上听教师讲这些植物与阳光的关系，学生可能无心聆听，但是如果让学生积极参与到活动和体验中来，学生可能就会表现得更有兴趣。项目化学习重新以儿童的视角帮助儿童认识世界。在这种小小的探究活动之中，学生亲自经历科学研究的猜想、观察、记录、验证等过程，让学生萌发一种探究的欲望并形成探究的习惯。

二、项目化学习中的任务设计：驱动学生探索

"身边科学"课程的学习内容是从呈现驱动性问题开始的。驱动性问题是学生在生活中可能会遇到的问题，如根据树根的纹理来判断树木的生长年龄情况等。为了解决这种驱动性问题，学生需要了解其中包含的关键的科学知识和规律。学生解决问题的过程，也是了解、理解和运用这些知识的过程。同时，学生在解决问题的过程中发展一种理性的、科学的思维。下面的案例介绍了学生是如何解决这类问题的。

出其不意的任务设计

在进行"多样的树叶"活动过程中，学生初步有了合理分类的概念。捡树叶前，我除了讲秩序外，只提了一个要求：只捡四片不同的叶子。等学生欢欢喜喜带着心爱的四片独特的叶子回到教室后，我"残忍"

> 地请他们将四片叶子按照相同点分成两类，没有任何提示。
>
> 　　学生面对他们挑选出的四片树叶手足无措，但总有一部分"先驱"出现，有人会说要按照颜色来分，一旦有了同伴的提示，学生的"脑洞"就被打开了，按软的和脆的分，按有气味和没有气味分，按光滑和粗糙分；也有知识渊博的小朋友，按平行叶脉和网状叶脉来分。当各种想法交织碰撞在一起，学生的思维就被积极地调动起来，报告也就不拘泥于书面形式，而是化为有趣的知识保存在头脑中。

　　比起传统课堂中学生或者正襟危坐，或者耷拉着脑袋，一直听台上的教师讲树叶的多样性特点，这种项目化学习基于学生发现事物变化的本能欲望，让学生亲自经历这些科学研究的过程。这种打破课堂空间和时间的做法，不仅给学生带来观察和记录自然的乐趣，也在他们心中埋下了严谨、实证这些科学思维的种子。同时，学生也将重新发现科学学习的含义：科学学习并非只是在教室里探索的活动，科学学习与自身的生活密切相关。

三、项目化学习中的同伴交往：从"争抢"到"谦让"

　　在儿童成长的过程中，拥有亲密的同伴关系是非常重要的一种体验。在平时的相处中，每个人可能考虑更多的是自己。但是在项目化学习的任务情境中，学生和学生之间需要相互理解、相互支持、相互帮助才能解决问题。此时，学生在考虑问题的时候会暂时把自己的利益放在一边，集中力量解决面前的难题。而在解决问题之后，学生在一片喜悦之中能够感受到合作带来的力量和美好。下面的案例是杨丽老师记录的一名学生在参加项目化学习之后发生的转变。

> **以你为中心散开**
>
> 　　现在孩子多是独生子女，都是家中的宝贝。长辈们习惯宠着孩子，这导致一些孩子的合作意识比较薄弱。班级里的小朱就是这样，在活动中

他经常因为和同组的成员闹矛盾，过来跟我打小报告"老师，这次我想先操作，可他抢先了"，"老师，我想做观察员，可是组长不让"，算得上是"一步不让"了。

不过，随着项目化学习的开展，小朱渐渐地有了不一样的地方。在开展"变形虫"这个活动时，每个人作为一个点，要将一根两头打结的绳索变化出各种能变的形状。轮到小朱他们组了，这次他被选为了Leader。他兴致勃勃地带着组员讨论方案，以他自己为中心，组员各自散开。只见他骄傲地指挥大家站在各自的位置上。

这时，小涛因为个子不高，站在最后跟不上大家的节奏，绳子总是撑不起来。几次下来，小涛有些沮丧。其他组员也因为总失败有点着急，更别提踌躇满志的小朱了，他可是奔着争夺最佳Leader去的。过了一会儿，我看到小朱走向小涛，担心小朱会责备小涛，没想到听到的却是这样的内容："别着急，我想到了一个办法，你是因为不知道该往哪里走对吧？我的位置是固定的，你待在我的位置上，其他人以你为中心散开不就解决问题了嘛！"想不到从来都是"一步不让"的小朱竟愿意让出原本属于Leader的黄金位置！原来，通过一次次的活动，他的心中不仅能看见自己，也能看见别人了。他已经慢慢学会了如何与人合作，如何更好地解决遇到的问题。

小朱同学的转变是令人欣喜的。他从最开始做事情以自己为中心，到在项目化学习中展示了自己谦谦君子的风度，主动退出自己的中心地位，让全组的成员以小涛为中心散开，从而成功体会"变形虫"不断变形以适应环境的特征。主题式课程给学生带来的是一种涟漪式的改变，每个学生与其他学生的温暖交往都会为整个班级同学之间的交往营造和谐互助的氛围。

四、项目化学习中的评价：促进学生自我反思

我们在课堂上评价学生，是为了帮助学生更好地成长。为了调动学生

第六章 身边科学：探究现象与预测未知

的积极性，有时候可以采用让学生自我评价和自我总结的方式。在"身边科学"中，学生探究能力的表现之一是"修改和调整"，即"根据实践调整策略和方法，审视自己的学习状况和习惯并不断完善，以接近目标"。教师在实施"身边科学"的过程中，可以引导学生进行自我监控，不断提升学生自我反思的能力。黄子洋老师在这方面做了自己的尝试。

你们为什么会失败？

学生们通过"4+1"课程的学习，成长是非常迅速的。尤其是许多课程不是学生一个人完成的，而是在一个个小团队之中完成的。团队成员之间会碰撞出智慧的火花。在这种情况下，教师给学生的机会越多，学生成长得就越快。

比如说，在"变形虫"这个活动中，我让每个小组成员握住绳子的一处，以最快的速度摆出自己小组设计的图形，并让其他的小组猜一猜这是什么样的图形。

这个活动看起来非常简单，但是对于二年级的小朋友来说，还是有一定的难度的。它既考验小组长的统筹安排能力，又需要团队成员之间默契配合，所以十分考验学生的团队合作能力。

一开始，学生在设计图形和讨论站位的时候，都表现得非常主动和积极，一副势在必得的样子。但是真正到了"擂台"上，几乎每个小组都手忙脚乱，场面十分混乱。满场听到的都是"错了错了，你要到那边去！""我站的这个地方就是对的，我不需要动，最要动的是你。""到底谁是图形上最边上的那个角啊？""我不知道自己要站在哪里呀！"等等。最后只有图案比较简单的几个小组勉强摆出了他们的图形。

看着一些小朋友们失望的眼神，我意识到要抓住这个最佳的教育时机。我让每个学生都在活动设计纸上写上自己没有做好的地方、失败的原因。然后每个小组围坐成一圈，按照顺序说一说在这个活动中自己和别人没有做好的地方。最后全班一起来说一说，我们怎样做才能保证做得更好。

"变形虫"这个项目是团队性质的活动，只有大家相互配合，才能充分感受到变形虫变形的特征。在"身边科学"中，还有很多这样团队性质的活动。团队的合作既需要教师的指导，也需要学生在这个过程中自己进行摸索和总结，找到适合所在团队的合作方法。在这场"变形虫"活动中，教师并没有给出直接的评价，告诉学生失败的原因，而是组织学生进行小组讨论，让每个小组总结出自己的经验。正因为这些原因是学生用自己的话来表达的，是来自学生自己在实践体验过程中的真实感悟，所以这样的总结对于学生成长是最有效的。

五、项目化学习中的教师支持：让每个人都参与其中

在这种灵活的项目化学习中，学生在探究活动中的参与度在一定程度上决定了他们对新知识的掌握和应用程度。一些教师考虑到要给学生更多的自由来进行探究，因而放松了对学生的管理，导致很多学生没有真正投入到探究之中。为了鼓励每一个学生积极参与其中，教师所提供的支持显得至关重要。黄子洋老师从学习规则和课堂组织两方面总结了自己在这方面的经验。

没有一个人可以"游手好闲"

刚接触这个课程时，我心里很忐忑。经过一段时间的适应以后，我对上好"1"有了新的理解。其实，关键是要让每个学生都参与到活动中，不让一个人"游手好闲"。要做到这一点，就需要做好下面两件事情。

首先，教师自己要对当天的活动顺序和规则了如指掌，并且转换成简单清晰的语言解释给学生听。为了备好一天课，每周的备课活动中，教师会绞尽脑汁设想活动中可能出现的问题和可能发生的事情，不断完善规则，在当天开展活动之前，就将规则呈现给学生看，保证活动有序进行。而教师在与学生讲解规则时，不能忽略每个细节。设计活动一般分为自己设计、小组讨论、团队合作三步骤；游戏活动一般分为了解活动目标、了解活动规则、小组讨论分工、团队合作四步骤。只有每个环节都环环相

扣，才能开展好一次高质量的活动。

　　其次，要维护好课堂秩序。"1"相对于其他课程来说，本身就有一定的趣味性，当学生都饶有兴趣地参与活动时，氛围是良好的。但是由于学生间水平和能力有差别，所以总有学生先完成，有学生后完成。当有学生提前完成时，教师就要给这部分学生布置新的任务，可以针对个别学生提升活动难度，也可以请他们去帮助周围同学。例如，在进行"迷彩服设计师"的活动时，画画能力强的学生和爱偷懒的学生总是最先完成涂色的。这时候，教师可以让几名提前完成的学生带着作品单独讨论：为什么他的涂色和我的不同？哪种配色是正确的？我可以给自己的作品做哪些完善？以确保每个学生都有事可做。

　　黄老师为了让学生深度参与活动，首先强调的是学生的规则意识。在"多样的树叶""植物果实""植物的保护色"等项目中，如果教师没有在活动前强调观察的目的，没有提供观察记录的表格等类似的任务单，学生很容易走马观花，学无所获。因此，在任务实施的规则中就要设计一些内容，使得学生必须经过认真的观察才能完成这些项目。

　　同时，为了更加充分调动学生的积极性，黄老师在开展这些项目化学习中，充分关注到了学生的个性差异。学生之间的个性差异让每个人都散发出不一样的光芒，这也是学生和学生之间相互学习的资源。黄老师巧妙地利用了这种差异来进行课堂的组织和管理，鼓励学生之间相互学习，以同伴来影响同伴。

本章结语

　　"身边科学"课程的任务设计在整合多门学科的基础上，需要同时兼顾趣味性和科学性。借助游戏的方式，借助丰富的探究活动来吸引学生参与课程，这主要是考虑到小学生身心发展的特征。但是，教师在教学的过程中应该要经常提醒自己,学生是否在这种趣味性的活动中感受到了"身边科学"项目化学习的科学性?

　　想要回答这一问题,就要涉及本章在谈"身边科学"课程时一直强调的核心技能——探究。探究,作为动词是学生积极参与科学活动的一种方式,作为名词则代表着一种理性。教师不仅要表扬学生身上有利于发展科学思维的品质,如刨根问底的好奇心、乐于接受新挑战等,还要培养科学探究中所需要的种种技能。

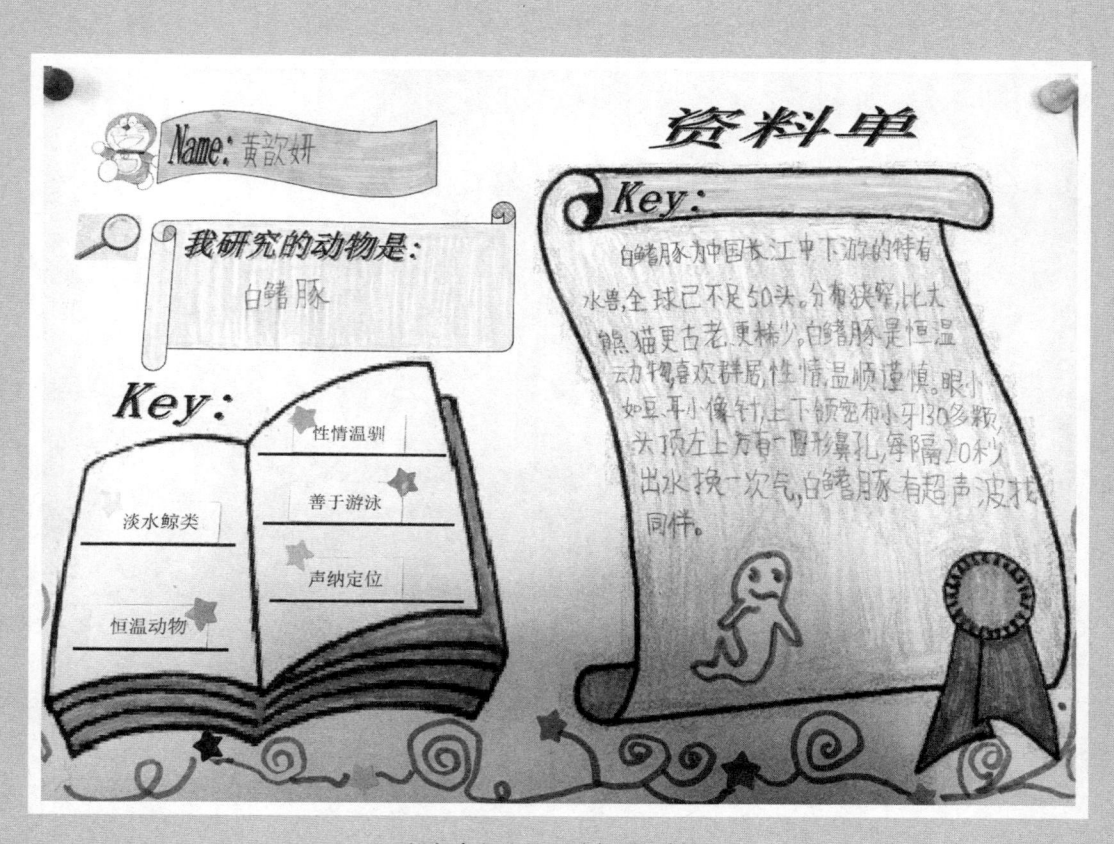

学生建立的关于动物的资料单

跨学科的项目化学习：
"4+1"课程实践手册

第七章

地球空间：保护资源与共享星球

　　"地球空间"课程旨在让学生探究地球和它所在的空间特征及其相互关系，自然界和人类活动的相互影响，自然灾害的发生和应对，资源和环境的保护。

第七章 地球空间：保护资源与共享星球

当看到天空被雾霾笼罩，太阳被掩藏得严严实实，空气中弥漫着难以察觉的杂质时，孩子们无法来到室外活动、锻炼，这时的他们总是无奈地望着空荡荡的操场，问老师：为什么会有雾霾呢？怎么样可以消除雾霾？为什么雾霾天不能进行室外活动呢？孩子们接二连三的问题是他们环保意识的萌芽。学校的课程设计应该让学生带着这样的疑惑去探究自然界中的现象，了解自然灾害给人类生活带来的巨大影响。

在"地球空间"这门课程里，学生会通过探究走近自然界，揭开自然灾害的神秘面纱；教师会引导学生从生活中的小事入手，提高环保意识，加入到环境保护的大家庭中来。

第一节 "地球空间"是什么？

地球空间所包含的内容十分宽泛，它所指的专业概念离小学生的既有认知十分遥远，于是，我们缩小认知范围，落实到与学生日常生活相关的内容，由兴趣入手，注重情感体验，让环保的理念在学生心中萌芽。

一、现场

> **"酸雨怪兽"的真面目**
>
> "各位康宝（康外学生的昵称），老师这儿有几幅图片，让我们一起来仔细观察一下。"一幅幅图片被清晰地投影到了大屏幕上，那是一幅幅被酸雨腐蚀后的景象：破损严重的雕塑、污染严重的河流、寸草不生的植被……教师一边投影着图片，一边用简单的语句解释着画面，看着图片的康宝都一脸惊讶和疑惑。
>
> "你们知道这些景象都是什么造成的吗？""是人类。""是怪兽！""是地震。"……孩子们你一言我一语地发表着自己的意见。"是

怪兽！这只怪兽的名字就叫'酸雨'。""看来这些图片上的景象都是酸雨造成的，你们有什么疑惑吗？"老师适时启发道。

"酸雨是什么样的？"

"酸雨是怎么产生的呢？"

"我们被酸雨淋到会死吗？"

"酸雨真的那么可怕吗？"

……

孩子们心里的疑惑一个个冒了出来，看到孩子们已经被"吊起了研究的胃口"，老师接着说："那么我们今天就来研究酸雨，看看它是不是真的那么可怕。"

在老师的引导下，孩子们想出了用纯柠檬汁代替酸雨的方法，而老师"贡献"出了粉笔替代雕塑。

就这样，为了比较酸雨和普通雨水（用自来水代替）的区别，孩子们每个人手中都有一瓶装着粉笔的酸雨和一瓶装着粉笔的普通雨水。在这两瓶物质被静置的几天里，孩子们每天都会去仔细观察粉笔的变化，直到粉笔被取出的那天。孩子们根据实验前后记录的数据，有了对比，他们对酸雨的危害便有了最直观的了解。

"酸雨是怎么造成的呢？"刚想布置信息检索任务的老师，竟然发现有些孩子举起了手，便请他们分享。出乎老师意料的是，很多孩子竟然把造成酸雨的原因说了出来。原来，在上次的实验过后，很多孩子对酸雨产生了浓厚的兴趣，便在爸爸妈妈的帮助下，自己去收集了许多关于酸雨的信息。

信息检索任务完成后，孩子们对如何防治酸雨也有了自己的心得。于是，一份环保倡议书便在孩子们的手中诞生了。

这是"地球空间"中一位执教"酸雨怪兽"的教师课堂实录的片段，记录了活动中教师如何引导学生去观察、去思考、去探究，以及学生们真实的活动表现。

这项活动的内容由学生的自身体验和内发情感来推动，从活动的设计到推进都由学生说了算，学生对环保的情感并不是由教师强加给他们，而是学生在探究的过程中潜移默化地形成自主意识，这种意识的产生又进一步激发了学生去探究的兴趣，这样相辅相成，相互促进，使得活动目标得以实现，学生得以习得各项技能。

三年级的"地球空间"主要就是为了让学生了解地球和太阳系的功能、结构、历史以及运动方式；地球和太阳系的关系；太阳系和宇宙的关系。然而这些内容都是十分深奥和晦涩难懂的，三年级的学生也无须将这些知识系统性地掌握，教师要做的就是培养学生对地球、对宇宙、对大自然的探究兴趣。该课程里的每一项活动都和学生的日常生活息息相关，学生通过他们平时看得见、听得到、用得着的物品来进行探究，甚至用自己的身体作为探究的实物本体，亦静亦动的探究方式提高了学生的学习兴趣。

二、如何理解"地球空间"？

地球空间是什么？人类是地球的一员，生活在宇宙—地球—生命—人类的复杂大系统之中。在人口不断增长和现代科学技术飞速发展的今天，人类已经具有了对大系统，主要是对地球—生命—人类系统的干涉能力，人类的活动已影响系统的平衡与自然物质的生产和调节，影响人类的生存与繁衍。现如今的人类已不再只有自然人的身份，而是被扩展到了地球人、宇宙人、世界人这样的概念。"地球空间"课程旨在让学生了解大系统中存在的这些内容。

"地球空间"的课程设计有着清晰的螺旋上升的痕迹。低年级的活动趋于简单，到了中年级，"地球空间"单元相关的知识点中包含的那些学生看得着却无法触摸得到，以至于无法直观了解的，诸如星空、宇宙等内容更换成了学生生活中看得见、摸得着、感受得到的物品，有的是依靠学生角色扮演来诠释其深层次的内容。再到高年级，从直观形态到意识形态转化，学生从认知到探究，从探究到内化，从内化到产生意识，"地球空间"相应的课程内容不再是对知识点的诠释，而是对身为地球人的更深入的思考。

正因为如此，"地球空间"课程在小学阶段最重要的是对学生思考技能和探究技能的培养。学生需要思考课程中每一个项目所提到的问题的解决方法，以及应对在解决问题的过程中又冒出的新的问题。学生的思考技能在整个项目实施的过程中得以不断锻炼，与此同时，探究技能也协同思考技能同步发展。所以，"地球空间"课程试图回应以下两种长程的核心技能。

（1）思考技能。思考指通过分析、综合等一系列过程，对感性材料进行加工并转化为理性认识以至解决问题。学生在"地球空间"单元的每一项学习活动都离不开思维，思考技能是学习能力的核心。

（2）探究技能。探究是指学生在学习情境中通过观察、阅读，发现问题，收集数据，形成解释，获得答案并进行交流、检验、探究性学习。学生无论是观察图片、观看视频、实验现象，还是阅读资料、实验报告，都能在其中发现问题，并在问题解决过程中收集数据，利用获得的数据进行进一步修改，以求最后能得出较为科学的答案。

第二节 "地球空间"的项目结构

根据各年级学生认知水平的差异，"地球空间"单元的内容也是从简单到复杂，注重知识迁移，从知识到探究实践，再到生活运用，最终走向社会。对应在各个年级上，课程内容分别指向不同的任务和活动。

一、"地球空间"的年级主题

一年级学生的年龄特点使得他们对能够亲眼观察到的天气现象和有生活经验支持的气候特征容易产生共鸣和进行分享；二年级学生对生物及生物生存所需的资源渐渐有了自己的兴趣和认识；三年级学生对自己地球人的身份渐渐产生了意识萌芽，对地球和宇宙有了探索的兴趣；四年级学生对灾害的感受力有所增强,但更急于掌握救援的本领,实践性的操作使学生获得了更多"实战体验";五年级学生已初步形成了一定的学习态度,并且随着主体意识的觉醒,自我意识、自我主张、自我控制能力进一步增强。本单元的学习能进一步提高学生的责任感,教师采用更有针对性和启发性的引导,使学生产生对本单元的较强的学习动机。表7-1列出了一至五年级"地球空间"的主题及其内涵。

表7-1 一至五年级"地球空间"的主题及其内涵

年级主题	主题内涵
一年级:天气和气候	空气是由很多要素组成的; 天气是变化的而且能被观察和预测; 预测天气能帮助我们应对恶劣天气; 四季的特征。
二年级:地域和资源	生物需要水、陆地、空气和资源; 各种生物居住的地方有它们需要的资源; 人类使用资源过上舒适的生活。
三年级:地球和宇宙	地球和太阳系的功能、结构、历史以及运动方式; 地球和太阳系的关系; 太阳系和宇宙的关系。
四年级:灾害和援救	各种自然过程所造成的灾害(地震、海啸、火山爆发、台风、洪水等); 人类不能消除自然灾害,但可以采取措施减少灾害对人类的影响。
五年级:人类活动和环境保护	工业、农业和人类的日常生活对地球(土地、植被、河流、海洋、空气)甚至外太空都有重大影响; 人类的活动要多利用再生能源,减少对自然资源的使用; 保护地球环境。

二、项目结构：以四年级为例

四年级"地球空间"项目结构主要由以下两个方面支撑。

1. 各种自然过程所造成的灾害

这部分主要是引导学生通过对人类生存带来的危害及损害人类生活环境的自然现象的了解，认识到自然灾害，如地震、海啸、火山爆发、台风、洪水是人与自然矛盾的一种表现形式，具有自然和社会两重属性，是人类过去、现在、将来所面对的最严峻的挑战之一。学生可以通过以下项目来探究各种自然灾害的发生原因、灾害样态等内容：

- 求生选择；
- 自然灾害全捕捉；
- 自然灾害的威力；
- 逃离灾难；
- ……

2. 人类不能消除自然灾害，但可以采取措施减少灾害对人类的影响

这部分主要是通过活动使学生初步意识到人类要从科学的意义上认识这些灾害的发生、发展及尽可能减小它们所造成的危害。更重要的是，只有意识是远远不够的。在危害发生前期如何有效地预防，以及在危害到来的时候如何应对也是学生需要了解和掌握的知识与技能。学生可以通过以下项目来亲身实践如何防灾减灾，以及在灾难面前有哪些自救方法等。

- 地震我来报；
- 自制绳梯；
- 绘制地图；
- 钻木取火；
- 野外急救；
- 探寻水源；
- 搭建帐篷；
- 寻找南方；
- ……

第三节 "地球空间"项目群：以四年级"灾害和援救"主题为例

"地球空间"主题在四年级的具体任务主要围绕"灾害和援救"展开，这一主题由两个部分构成，分别指向对灾害的认识和防灾本领的掌握。本章在两个部分中选取了六个具体活动，分别如下：

第一部分的"自然灾害的威力"项目，让学生通过活动了解各种自然过程所造成的灾害。通过探究和游戏活动，学生用亲身体验的方式来进行思考和探究。

第二部分的"地震我来报""自制绳梯""绘制地图""野外急救""寻找南方"系列活动，充分调动学生的探究兴趣，使学生了解人类不能消除自然灾害，但可以采取措施减少灾难对人类的影响。

一、"地震我来报"项目

在"地震我来报"项目实施前，学生已经探究、体验过了地震相关的灾害性内容，对地震已经有了初步的认识。在此项活动中学生需要为解决问题进行思考、探究、设计和制作。学生须先思考简易地震仪的制作材料和方法等，然后按照预设的方案进行设计和制作，在这些过程中学生的思考技能得到了充分的培养。由于学生各方面的能力差异会导致其所制作的成品实验效果优劣不一，这就需要学生进一步去探究，根据所获得的数据进行分析，并进一步根据数据修改装置。学生的探究能力就在测试和改进的过程中得到进一步的提高。表7-2列出了"地震我来报"项目实施指南。

表7-2 "地震我来报"项目实施指南

建议时间：3小时	单元主题：灾害和援救	项目活动：地震我来报
项目描述： 根据地震仪的原理，用简单的材料制作一个简易测试地震强度的装置，并通过模拟地震的方法进行数据记录，以检测装置是否可以使用及测量的准确性。		
主要关联技能： 探究技能		**主要关联学科：** 科学、数学
项目目标： 1. 能够根据现有的材料设计出能测试地震强度的装置，并进行测试结果的假设与推理 2. 能够通过测试记录数据、分析数据 3. 能够根据数据修改装置，使其更具准确性 4. 能用探究过程中收集到的信息来对自己的设计进行评价		
材料准备： 教师：1. 关于地震仪的资料（也可让学生自己收集） 　　　2. 用于计时的工具（沙漏、闹钟或其他） 　　　3. 评价量表 　　　4. 研究报告 学生：用于制作地震仪所需的材料		
作品结果表现方式： 自制的简易地震仪模型、研究报告		
驱动性问题： 如果上海发生地震，如何能提前预测到，为逃生争取时间？		

项目步骤	教师支架
一、制订计划 （一）学生分小组初步了解地震仪的特征，主要关注地震仪的构造 （二）学生分小组制订简易地震仪制作计划 计划要求： 1. 交流小组内每个成员思考的结果（个人设计方案），明确组成地震仪的结构要素（诸如支架、垂重物、记录工具等） 2. 小组内每个人交流各自方案，交流完毕后，组内成员中方案设计思路相近的两人组成一组 3. 合作的两人讨论制作所需材料 4. 小组合作画出自制简易地震仪的设计草图	根据学生计划制订和分工的情况，提供有效分工合作的基本思路和方法。指导没有完成计划和计划不明确的小组在前一次失败的基础上重新调整。

续表

项目步骤	教师支架
二、制作简易地震仪 根据设计草图，两人合作完成简易地震仪的制作，根据制作情况及进度填好制作记录表。	教师根据学生的设计情况，随机进行提示和指导，并提醒学生按要求完成制作记录表。
三、测试简易地震仪使用情况 测试要求： 1. 小组内以准确性和可行性作为测试标准，交流测试方案 2. 在测试过程中进行数据收集和分析 3. 根据数据分析情况，对简易地震仪做出调整和改进	教师需根据学生测试方案，提供一定的引导，在测试方案是否可行方面给学生提供相关判断依据，并在学生数据收集和分析的过程中介入指导，以提高其操作的准确度。
四、展示分享 各小组展示设计作品与数据收集和分析结果，全班同学参观，并用投票（贴粘纸等）方式选出"最具实用价值简易地震仪"。	

项目评价：
1. "最具实用价值简易地震仪"小奖状（或敲章等方式）（互评、教师评）
2. 简易地震仪制作过程自评及互评表

评价内容	自评星级	互评星级
独立思考简易地震仪设计方案	☆☆☆	☆☆☆
能大方、流利介绍自己的设计方案	☆☆☆	☆☆☆
在讨论中既能表达自己的意见，也能接受和融合组员的意见，形成决定	☆☆☆	☆☆☆
能较为清晰地画出设计草图	☆☆☆	☆☆☆
在制作过程中亲身参与并完成制作记录表	☆☆☆	☆☆☆
在测试过程中认真进行数据收集和分析	☆☆☆	☆☆☆
对简易地震仪做出调整和改进	☆☆☆	☆☆☆
成果满意度	☆☆☆	☆☆☆

续表

3. 简易地震仪实用性自评及互评表

评价内容	自评星级	互评星级
材料选择	☆☆☆	☆☆☆
制作质量	☆☆☆	☆☆☆
数据准确性	☆☆☆	☆☆☆
保存时间	☆☆☆	☆☆☆

4. 简易地震仪测量报告

地震情况	记录绘制
地震烈度低	
地震烈度中	
地震烈度高	
震源震中远	
震源震中中	
震源震中近	

结论：

学生档案袋材料收集：
1. 简易地震仪模型照片
2. 两张评价表
3. 测量报告
4. 奖状

学生由于不会记录，对活动中学生利用自制的测量仪在纸上测量出来的结果很容易混淆，不易获得较准确的结果，所以教师在教学时需要在学生活动前讲解如何记录。学生在进行测试的时候，不太知道如何判断自己的测试结果是否准确，教师需及时指导，帮助判断错误的学生，告知其错误之处，使其能重新测试。

二、"绘制地图"项目

"绘制地图"的活动目的是让学生获得能够在陌生环境,根据观察和测量画出平面图的技能。这对四年级的学生来说难度颇高,在正式进行数据收集前,学生必须通过讨论对所需测量的数据进行尽可能的排列和完善。由于绘制一幅准确的地图需要精确的数据,所以在思考的时候,数据的详尽和收集的顺序是对学生思考能力的极大考验。在绘制地图的过程中,学生会发现之前的思考可能远远达不成最后的结果,他们必须对已经制订的计划进行不断的修改和调整。对学生探究能力的培养在这个案例中更着重于对计划制订和修改调整能力的培养。表7-3列出了"绘制地图"项目实施指南。

表7-3 "绘制地图"项目实施指南

建议时间:20小时(分解完成)	单元主题:灾害和援救	项目活动:绘制地图
项目描述: 能通过测量手段测量出学校各建筑的周长,经过比例换算后,进行校园平面地图绘制。		
主要关联技能: 探究技能		**主要关联学科:** 数学、美术
项目目标: 1. 能够根据学校的布局确定出需测量的内容 2. 能够根据较科学的方法进行距离测量 3. 能够根据测量数据进行比例换算 4. 能够根据换算后的结果绘制地图 5. 能够对自己绘制的地图进行修改调整,以尽可能地确保科学		
材料准备: 教师:网格坐标制图纸[B3(35厘米×50厘米)或B4(26厘米×36厘米)大小皆可],数据统计表 学生:2B铅笔,尺		
作品结果表现方式: 校园平面地图		
驱动性问题: 如何在野外绘制地图?		

续表

项目步骤	教师支架
一、制订计划 （一）了解平面地图的组成要素 （二）小组合作，初步完善组成要素中的部分要素 （三）分小组制订地图绘制计划 计划要求： 1. 交流小组内每个成员思考的结果（个人认为需要测量的数据），诸如校园整体四周的长和宽、教学楼的长和宽等 2. 小组内根据交流结果列出相应数据名称 3. 根据教师的小结调整、完善数据内容 4. 小组中以三人为一小组，确定每三人需测量哪些数据	根据学生确定的测量数据进行进一步指导和完善，提供有效分工合作的基本思路和方法。指导学生完善所需测量的数据。
二、绘制地图 （一）小组交流所有测得数据，完善列表 （二）根据绘图纸的比例将所有测得数据进行换算 （三）根据换算后的数据个人绘制地图 （四）大致位置绘制出来后，需通过教师初步审核之后对审核结果进行调整	教师需通过初步审核，了解学生的绘制情况，并得出审核结果，给予学生相关指导。
三、展示分享 各小组展示绘制的地图，全班同学参观，并用投票（贴粘纸等）方式选出"最具科学性及实用性地图"。	

项目评价：
1. "最具科学性及实用性地图"小奖状（或敲章等方式）（互评、教师评）
2. 地图绘制过程自评及互评表

评价内容	自评星级	互评星级
了解平面地图的组成元素	☆☆☆	☆☆☆
能确定测量所需的数据	☆☆☆	☆☆☆
能在测量过程中认真、规范地收集数据	☆☆☆	☆☆☆
数据比例换算结果准确	☆☆☆	☆☆☆
能绘制出校园平面地图	☆☆☆	☆☆☆
成果满意度	☆☆☆	☆☆☆

续表

3.校园平面地图科学性自评及互评表

评价内容	自评星级	互评星级
数据详细	☆☆☆	☆☆☆
换算准确	☆☆☆	☆☆☆
线条清晰	☆☆☆	☆☆☆
图标明晰	☆☆☆	☆☆☆
布局科学	☆☆☆	☆☆☆
实用性强	☆☆☆	☆☆☆

学生档案袋材料收集：
1. 两张评价表
2. 绘制的地图
3. 奖状

由于收集数据需要大量的时间，为了能够使学生高效地完成任务，教师在收集方法上需要在学生自己讨论的基础上给予学生充分的指导。此外，在测量方法上，由于学生所使用的是步幅测量法，为了使学生的步幅测量数据达到较为准确的标准，需在测量每人的步幅时尽量多次测量，获得平均数。在收集数据时，为了更加准确，也必须至少安排三名学生测量同一个数据，以求平均数。

三、"寻找南方"项目

"寻找南方"项目是让学生能够学会用身边可以获得的材料或物品，通过探究自己来设计可以辨识方向的工具。这项活动对学生探究能力的培养着眼点又产生了变化，聚焦在了提出和发现问题、观察和记录上。这项活动如要准确实施需要一定的专业性，学生在自主实施时一定会产生较多的问题，这些问题解决起来有一定的难度，对学生的思考能力和探究能力都是一个很大的考验。表7-4列出了"寻找南方"项目实施指南。

表7-4 "寻找南方"项目实施指南

建议时间：1小时	单元主题：灾害和援救	项目活动：寻找南方

项目描述：
能够通过身边的工具设计出辨识方向的方法，并能根据设计的方法进行测量和观察。

主要关联技能：探究技能、思考技能	主要关联学科：科学、数学

项目目标：
1. 能够根据身边的工具设计出辨识方向的方法
2. 能够根据设计的方法进行测量和观察，求证设计的科学性
3. 在测量中提出和发现问题，并及时调整
4. 能够根据教师所提供的方法进行准确测量，并在测量中及时调整测量过程

材料准备：
教师：木棒（1米以上）
学生：手表（有至少两根指针），橡皮（根据学生自己设计的实验工具改变）

作品结果表现方式： 设计的测试方向装置

驱动性问题：
如何利用身边的工具来辨识方向？

项目步骤	教师支架
一、制订计划 （一）小组根据手表和太阳、木棒和太阳设计出测试方向的方法 计划要求： 1. 能有大致的设想 2. 能有具体的制作步骤 3. 明确每个人的职责分工 （二）交流各自的设计，根据所收集到的信息，对自己小组的设计进行调整	根据学生设计的方法进行进一步指导和完善，提供有效分工合作的基本思路和方法。 参考的设计方法： 利用手表及太阳辨识方向：只要将你的手表水平放置，让时针与12点之间的夹角平分线对准太阳，则12点的方向就是南方，与它相反的方向就是北方。 木棒成影法：在太阳足以成影的时候，在平地上竖一根直木棒（1米以上），在木棒影子的顶端放一块橡皮（或做其他标记），木棍的影子会随着太阳的移动而移动。

续表

项目步骤	教师支架
	30—60分钟后，再次在木棒的影子顶端放另一块橡皮。然后在两块橡皮之间画一条直线，在这条线的中间画一条与之垂直相交的直线。然后左脚踩在第一标记点上，右脚踩在第二标记点上。这时站立者的正面即是正北方，背面为正南方，右手所在一侧是东方，左手所在一侧为西方。
二、实地测试 （一）小组成员在操场上将设计付诸实施 （二）交流测试结果，互相评价 （三）再次进行实验调整	教师根据学生的实地测试结果予以进一步指导，帮助其获得准确的实验结果。
三、展示分享 各小组展示自己的设计步骤，全班同学互相学习，并用投票（贴粘纸等）方式选出"最佳方向测试法"。	

项目评价：
1. "最佳方向测试法"小奖状（或敲章等方式）（互评、教师评）
2. 设计过程自评及互评表

评价内容	自评星级	互评星级
能对如何利用手表和太阳辨别方向有所设计	☆☆☆	☆☆☆
能对如何利用木棒和太阳辨别方向有所设计	☆☆☆	☆☆☆
能在测量中仔细观察，发现问题并解决	☆☆☆	☆☆☆
能获得准确的方向信息	☆☆☆	☆☆☆
成果满意度	☆☆☆	☆☆☆

续表

3. 辨别方向方法的科学性自评及互评表

评价内容	自评星级	互评星级
选材方便	☆☆☆	☆☆☆
方法简便	☆☆☆	☆☆☆
科学性强	☆☆☆	☆☆☆
实用性强	☆☆☆	☆☆☆

学生档案袋材料收集：
1. 两张评价表
2. 奖状

该活动与天气息息相关，如果天气不符合活动要求则无法实施，所以要求教师在处理此活动时选择合适的天气及地点，以帮助学生顺利实施该活动。此外，此项活动牵涉一些比较专业的知识，而这个学段的学生对这些知识往往不甚了解，所以在设计前建议教师先提供一些专业知识给学生，帮助他们来设计工具。

四、"野外急救"项目

"野外急救"项目的内容包括了包扎、止血、心肺复苏、人工呼吸等内容。考虑到活动开展的可能性和安全性，我们选择了包扎作为本单元的实施项目之一。包扎是卫生保健方面极具专业性的内容，该活动的实施不是采用以往以学生自主探究、创造为主的教学方法，而是回到"循规蹈矩"的本源，在学生学习的基础上培养他们演示和交流的能力，让学生通过亲身实践来掌握野外急救中的必备技能。表7-5列出了"野外急救"项目实施指南。

第七章 地球空间：保护资源与共享星球

表7-5 "野外急救"项目实施指南

建议时间：1.5小时	单元主题：灾害和援救	项目活动：野外急救

项目描述：
学习不同的包扎方法，并能根据不同的情况进行熟练的包扎以急救。

主要关联技能：探究技能	主要关联学科：体育、医学

项目目标：
1. 能够根据指导学习各种不同的包扎方法
2. 能根据不同的现实情况来确定所需使用的包扎方法
3. 能符合包扎要求地完成包扎

材料准备：
教师：医用纱布（多卷），评价量表
学生：剪刀

作品结果表现方式： 包扎后的"伤员"

驱动性问题：
如果你或你身边的亲人、伙伴受伤了，你知道怎样为其包扎急救吗？

项目步骤	教师支架
一、学习包扎 （一）螺旋包扎法 1. 观看螺旋包扎法视频 2. 两人一组实践学习螺旋包扎法 3. 教师重复播放视频 4. 对包扎方法进行改进和调整 （二）环形包扎法 1. 观看环形包扎法视频 2. 两人一组实践学习环形包扎法 3. 教师重复播放视频 4. 对包扎方法进行改进和调整	根据学生的学习情况，指导学生认真观看视频，如有需要可反复播放，以让学生能够扎实学会包扎方法。 教师需关注学生实践过程，及时指出学生在包扎过程中出现的问题。 参考包扎方法： 螺旋包扎法。绷带卷斜行缠绕，每卷压着前面的一半或三分之一。 环形包扎法。包扎时打开绷带卷，把绷带斜放在伤肢上，用手压住，将绷带绕肢体包扎一周后，再将带头和一个小角反折过来，然后继续绕圈包扎，第二圈盖住第一圈，包扎四圈即可。

续表

项目步骤	教师支架
（三）反折螺旋包扎法 1. 观看反折螺旋包扎法视频 2. 两人一组实践学习反折螺旋包扎法 3. 教师重复播放视频 4. 对包扎方法进行改进和调整 （四）"8"字包扎法 1. 观看"8"字包扎法视频 2. 两人一组实践学习"8"字包扎法 3. 教师重复播放视频 4. 对包扎方法进行改进和调整	反折螺旋包扎法。做反折螺旋包扎时，用一拇指压住绷带上方，将其反折向下，压住前一圈的一半或三分之一。 "8"字包扎法。在关节上方开始环形包扎数圈，然后将绷带斜行缠绕，一圈在关节下缠绕，两圈在关节凹面交叉，反复进行，每圈压过前一圈的一半或三分之一。
二、应用交流 1. 学生在小组内讨论各种包扎方法适用于怎样的躯体特征 2. 集体交流答案 3. 学生两人一组，根据对方的躯体特征选择合适的包扎方法进行包扎，并能阐述选择此种方法的理由	参考包扎特征： 螺旋包扎法。此法多用于肢体粗细差别不大的部位。 环形包扎法。常用于肢体较小部位的包扎，或用于其他包扎法的开始和终结。 反折螺旋包扎法。多用于肢体粗细相差较大的部位。 "8"字包扎法。多用于关节部位的包扎。
三、测试包扎情况 测试要求： 1. 测试外观：是否符合各包扎法的外观 2. 测试松紧度：要求既不能过于压迫被包扎者的血管，引起手臂不适或心跳加速，也不能包扎完毕后直接掉落 3. 测试牢固度：要求被包扎者在适当运动的情况下，包扎不松垮 4. 测试规范度：观察整个包扎情况，是否与示范相同	教师根据学生测试情况来决定是否需要重新学习某种包扎方法，以提高操作的准确度。
四、展示分享 根据测试要求，小组中最符合测试要求的同学展示其包扎结果，全班同学观察，并用投票（贴粘纸等）方式选出"最有效急救员"。	展示和分享需穿插进行，由于两人一组中一名成员被包扎完毕后会影响到关节的运动，故全班可分两批展示。

续表

项目评价：
1. "最有效急救员"小奖状（或敲章等方式）（互评、教师评）
2. 包扎过程自评及互评表

评价内容	自评星级	互评星级
认真学习四种包扎方法	☆☆☆	☆☆☆
在双人合作包扎过程中能积极参与	☆☆☆	☆☆☆
在包扎过程中能发现问题并能进行调整	☆☆☆	☆☆☆
成果满意度	☆☆☆	☆☆☆

3. 包扎实用性自评及互评表

评价内容	自评星级	互评星级
外观	☆☆☆	☆☆☆
松紧度	☆☆☆	☆☆☆
牢固度	☆☆☆	☆☆☆
规范度	☆☆☆	☆☆☆

学生档案袋材料收集：
1. 两张评价表
2. 奖状

包扎是野外急救中一个重要的急救手段。包扎是专业的技能，之所以称它专业，是因为包扎者的力度和熟练度等都会影响包扎效果，从而影响急救的效果。学生在学习过程中的专注度和接受度是教师要始终考量和掌握的，在教学的时候要根据学生真实的情况及时调整上课的速度及实施方案。

五、"自然灾害的威力"项目

"自然灾害的威力"项目旨在让学生通过各类道具模拟自然灾害，并在模拟的过程中了解这些自然灾害的发生特征，以及相应的破坏性。学生在设计实验的过程中会产生大量的假设，他们需要通过测试来记录、分析数据，并最终获得体验结论。表7-6列出了"自然灾害的威力"项目实施指南。

表7-6 "自然灾害的威力"项目实施指南

建议时间：90分钟	单元主题：灾害和援救	项目活动：自然灾害的威力
项目描述： 使用层层叠积木通过各种方法模拟自然灾害的发生特征，测试多种自然灾害的威力。		
主要关联技能： 探究技能		**主要关联学科：** 科学、数学
项目目标： 1. 能够根据现有的材料设计出整个实验过程 2. 能够在设计实验过程中产生对实验结果的假设 3. 能够通过自己设计的实验过程进行测试，并及时记录数据、分析数据 4. 能够根据数据修改实验中所需的材料，使实验结果更具准确性		
材料准备： 教师：层层叠积木、水桶、泥沙、石子、研究报告 学生：收集的关于各种自然灾害的特征信息		
作品结果表现方式： 研究报告		
驱动性问题： 你是否能根据各种自然灾害的特征，在遇到自然灾害时有效逃生？		

项目步骤	教师支架
一、设计实验 （一）交流个人所收集到的各种自然灾害的特征信息，并加以整理提炼，完成自然灾害信息表 （二）学生个人根据教师提供的材料进行实验设计 （三）在小组内交流每个成员思考的结果（个人设计方案），选出最佳实验实施方案	教师告知学生实验目的：通过实验，直观了解各种自然灾害的特征，并在实验中了解各种自然灾害可能导致的破坏性结果。
二、实施实验 （一）小组成员根据最佳实验实施方案进行实验 （二）在实验过程中实时记录实验数据等结果	

续表

项目步骤	教师支架
三、实验调整 小组根据数据分析情况，对实验做出调整和改进，并做进一步的数据收集。	教师需根据学生的实验实施情况，提供进一步修改的意见或指导，并在学生数据收集和分析的过程中介入指导，以提高其操作的准确度。
四、展示分享 各小组交流实验数据及分析结果，全班同学互相评价各组实验的有效性，选出"最有效实验"小组。	

项目评价：

1. "最有效实验"小组小奖状（或敲章等方式）（互评、教师评）
2. 自然灾害信息表

自然灾害名称	灾害特征

3. 实验设计表

灾害种类	实验步骤	实验材料	实验结果	改进措施	改进后结果

续表

4. 实验过程自评及互评表

评价内容	自评星级	互评星级
独立思考实验设计方案	☆☆☆	☆☆☆
能大方、流利地介绍自己的设计方案	☆☆☆	☆☆☆
在讨论中既能表达自己的意见,也能接受和融合组员的意见,形成决定	☆☆☆	☆☆☆
能较为清晰地完成实验内容及步骤的填写	☆☆☆	☆☆☆
在测试过程中认真进行数据收集和分析	☆☆☆	☆☆☆
对实验做出调整和改进	☆☆☆	☆☆☆
成果满意度	☆☆☆	☆☆☆

5. 实验有效性自评及互评表

评价内容	自评星级	互评星级
实验步骤	☆☆☆	☆☆☆
实施过程	☆☆☆	☆☆☆
数据准确	☆☆☆	☆☆☆
分析合理	☆☆☆	☆☆☆

学生档案袋材料收集:

1. 关于自然灾害的相关信息
2. 两张评价表
3. 研究报告
4. 奖状

学生在活动中所需使用的材料须重复使用,但有些材料一旦使用后会影响到研究结果的准确性,比如材料中可能会用到积木块,一旦积木块被浸湿或者被沙土所污染,再用到其他实验中就会影响实验的科学性,所以做不同自然灾害活动的顺序应根据活动材料的使用情况进行调整。此外,在倾倒水及沙石时高度和强度应事先让学生讨论或实验几次,让学生在活动中自己探究，统一实验方式，以取得较准确的实验结果。

六、"自制绳梯"项目

"自制绳梯"活动充满了趣味性，常常在公园里看到的"勇敢者道路"竟然能自己制作，这让学生充满了好奇和求知欲，他们个个跃跃欲试。在好奇心的驱动下，学生都十分认真地学习打绳结，但在真正完成绳梯的过程中，一个又一个的问题不断涌现，每一个结所用的绳子长短不一，导致木棍的分布不均等问题使得学生在反复试错的过程中不断纠正，不断自我总结，最终获得自我经验，进而完成制作。表7–7列出了"自制绳梯"项目实施指南。

表7–7 "自制绳梯"项目实施指南

建议时间：8小时	单元主题：灾害和援救	项目活动：自制绳梯
项目描述： 根据提供的材料研究各种绳结的打法，并利用学会的绳结打法自制绳梯。		
主要关联技能：探究技能		**主要关联学科：**科学、技术
项目目标： 1.能够根据视频的教学学习各种不同绳结的打法 2.能够根据学会的不同绳结的打法和现有的材料设计出有实用价值的绳梯 3.能够在实施的过程中不断修改调整自己的设计，以达到安全性和科学性目标 4.能够对自己设计的绳梯进行测试，并再次进行修改调整，以达到最佳实用性		
材料准备： 教师：圆形木棍（长度约为50厘米），安全绳 学生：剪刀（用于解开绳结的借力工具）		
作品结果表现方式：绳梯实物		
驱动性问题： 你是否想在野外用树枝和藤条（或用生活中的木棍和绳子）来捆绑出绳梯，以达到生存或逃生的目的？你是否想在遇到自然灾害时，采用自制绳梯的方式逃生获救？		

续表

项目步骤	教师支架
一、学习绳结 （一）学打渔人结 1. 学生根据教师提出的问题"如何连接两条粗细相等的绳子"自主研究绳子的打结方法 2. 学生学习渔人结的打法 （二）学打背牵结 1. 学生根据教师提出的问题"如何牢固地捆绑住一样物体"自主研究绳子的打结方法 2. 学生学习背牵结的打法	教师利用视频和实物教学生打绳结。 渔人结的参考打法：将两条绳子的前端交互并列，其中一条绳子像卷住另一条绳子般打一个单结；两条绳子的另一头也同样打上一个结；将两条绳子的两端用力向两边拉紧。 背牵结的参考打法：将绳子的中部摆放出一个圆圈的样式，然后把一端往下拉移，把另一端朝箭头方向拉出；拉紧，完成背牵结。
二、设计绳梯 （一）学生观看视频：消防员如何使用绳梯救人 教师提出问题：如何使用两条绳子及几根木棍制作一副绳梯。学生边观看视频边思考。 （二）学生通过学过的打结方法小组合作制作绳梯 （三）小组合作，在制作绳梯的同时不断调整，以达到安全性和科学性的目标	教师在学生小组合作制作绳梯的过程中及时指出可调整之处，但不言明，而是让学生自己思考不合理在什么地方。
三、实验调整 小组将绳梯与实物相结合，测试绳梯的实用性，并根据所分析的情况，对绳梯做出调整和改进。	教师根据学生的绳梯制作情况，提供进一步修改意见或指导。
四、展示分享 各小组展示绳梯使用过程，进行攀爬竞赛，全班选出"最佳绳梯"小组。	教师应对学生的安全做出最大程度的保障。

续表

项目评价：
1. "最佳绳梯"小组小奖状（或敲章等方式）（互评、教师评）
2. 实验过程自评及互评表

评价内容	自评星级	互评星级
认真学习如何打绳结	☆☆☆	☆☆☆
在小组合作制作绳梯过程中能积极参与	☆☆☆	☆☆☆
在实验过程中能发现问题，并能进行调整	☆☆☆	☆☆☆
成果满意度	☆☆☆	☆☆☆

3. 绳梯实用性自评及互评表

评价内容	自评星级	互评星级
布局合理	☆☆☆	☆☆☆
安全性强	☆☆☆	☆☆☆
调整得当	☆☆☆	☆☆☆
实用性强	☆☆☆	☆☆☆

学生档案袋材料收集：
1. 两张评价表
2. 奖状

该活动最能体现的是学生与人交流、小组合作的能力。小组中每个人都需要在活动中出力，他们有的负责打绳结，有的负责拿木棍，有的负责解绳结，还有的需要做测试者及保护者。需要注意的是，此项活动在测试的过程中具有一定的危险性，教师需提前进行安全教育，明确小组成员角色，并全程跟踪整个测试情况。

第四节 "地球空间"中的学与教

"地球空间"课程具有以下特点：第一，这门课程相对于一些和学生真实生活紧密相关的单元而言，部分内容具有一定的专业性，离学生的真实生活较远。第二，学生对保护资源只停留在意识的萌芽阶段，对具体为什么要保护资源、怎样保护资源等内容还不清楚。这两点使得在这个单元教学时，教师要在充分激发学生兴趣的同时，进一步引导学生通过探究进行实证，启发学生由内心感悟环保的重要性。

一、项目化学习中的任务设计：贴近学生的真实体验

自然资源虽然包含了可再生资源和不可再生资源两种，但是可再生资源如果没有合理利用也可能转变成不可再生资源。不可再生资源是地球上储量有限，且用过以后便无法再重复利用的资源，如煤、石油、铁矿等。在过去人类漫长的发展过程中，自然资源已经受到了极大的破坏，如果人类的资源开发继续长此以往地超出生态系统的承受能力，人类的发展势必会受到严重阻碍，因此，自然资源的保护势在必行。学生通过这个单元的学习，除了更好地了解保护资源的重要性，还要学习一些保护资源的方法，懂得不可再生资源应该更为合理地利用，并了解新能源。

> **年龄和能源的关系**
>
> "啊！这么快！""不会吧！""怎么会这样！""还好还好！"……一阵阵惊呼，一阵阵感叹，伴随着不同的面部表情和肢体语言，或是紧张得皱眉，或是惊讶得张嘴，又或是放心得拍胸脯……究竟是什么让康宝有这样的反应呢？原来，他们正在进行地球空间"能源的未来"活动。

在了解了各种类型能源的用途之后，展现在康宝面前的是一幅横向柱状图，上面标识着各种能源的名称及其耗尽的时间，一串串冰冷的数字，康宝阅读过后似乎波澜不惊，理所当然地接受着这些能源在某一天会从地球上消失的事实，而人类也可能因为这些能源的消亡而承受许多可怕的后果。二年级的康宝对这些看似漠不关心，只是因为还未到十岁的孩子何来对未来的畏惧，又何来对能源终会用尽、环保迫在眉睫的紧迫感和责任感。于是，教师开始让他们把这些数字换算成自己的年龄。当康宝发现铅这种金属在他们约22岁，也就是接近大学毕业时将从地球上消失的时候，也就意味着用于生活中的保险丝也可能将随之消失的时候，便有了开头的一幕。

知识输入其实是项目化学习中较外延的一部分，而内核其实是通过探究来体验。体验就是从心出发，通过体验到的东西我们感到真实，并在大脑记忆中留下深刻印象，可以随时回想起曾经亲身感受过的生命历程，也因此对未来有所预感。正是有了这样的体验，保护地球资源的紧迫性就真真实实印进了康宝的脑中。

二年级的"地球空间"单元的主题是地域和资源。下面的案例介绍了二年级"地域和资源"主题进行到第二周时的惊喜发现。

今天，你节约了吗？

片段一：今天是快乐活动日，又到了学生们喜爱的项目式课程时间了，学生们都兴奋地到教室外排队。正准备上楼，突然想起教室里的灯还未关，便准备去关灯，很快就发现教室里的灯已被学生关掉了。过了一周，又该给学生们上课了，正准备先把教室内灯关掉，发现有一名学生在关灯，并告诉我："老师，我是节电员，你放心，我会关灯的。"

片段二：去一个班级上课，正巧是上午的第三节课，课前需要做室内操和眼保健操，室内操音乐刚响起还不到一秒，便有一前一后两名学生将教室内的灯全部关闭了。

> 片段三：来自一位二年级家长的口述：Archie老师，我们家的孩子比以前懂事多了，以前在家里洗个手要洗老半天，其实是在玩水，现在洗完手就把水龙头关掉了。问她怎么变了，她说要节约资源。
>
> 片段四：课后，一个孩子走到我身边拿着一张刚才上课发的材料纸怯怯地问我："Archie，请问你刚才发的这张纸还有用吗？"我爽快地答道："没有用了，你扔掉吧！""噢！"说着，她没有走向垃圾桶，反而把纸对折好走向了自己的座位，我好奇地叫住了她："垃圾你要它干什么呀？"她愉快地说："这不是垃圾，纸是树木做的，我还可以在这张纸的空白部分打草稿呢！"

这些来自学生的真实表现和家长的真实反映，无不体现出"地球空间"单元目标中所提到的自然界和人类活动的相互影响以及资源和环境的保护，这些目标在学生的日常生活中得以渗透和深化，由外延的知识学习上升到了个人的情感体验，并进一步与学生的真实生活相融合，让环保落到实处。项目化学习除了培养学生各方面的能力之外，更重要的是从思考方式和意识形态上对学生加以潜移默化的培养。

二、项目化学习中的课堂组织：转变学习方式

和三年级的"地球空间——地球和宇宙"单元相同的是，在常规的自然课程中同样包含着认识宇宙的相关内容。然而，课程性质的不同使同样的标题下却有着完全不同的学习内容。具体见表7-8。

表7-8 常规的自然课与项目化学习的不同点

不同点	常规的自然课	项目化学习
授课方式	以教师的引导为主	以学生自主探究为主
活动组织	活动较少且时间紧张	活动多且时间充裕
学习方式	以听教师讲、自主思考、小组讨论为主	以同伴讨论、自主思考、合作操作实践为主

续表

不同点	常规的自然课	项目化学习
活动难度	相对较简单	有难度梯度
评价方式	教师口头评价	根据评价标准评价

以下案例可以更清晰地说明这两种授课模式的异同。

地球主题两种教学模式对比

以小学四年级《自然》（上海科技教育出版社版）第三单元"地球的自转与公转"教学设计为例，在认识地球的自转与公转中，教师仅让学生旋转地球仪并仔细分析，通过交流获得知识点。而在"地球空间"课程中是这样来实施教学的：

1. PPT出示太阳、地球、月亮之间的关系。

A.地球是太阳系中的行星，地球围绕太阳转，转一周是阳历一年。

B.月亮是地球的卫星，月亮围绕地球转，转一周是阴历一个月。

C.太阳是太阳系的中心，地球是太阳系中的一颗行星，而月亮是地球的一颗天然卫星。

D.在地月行星系中，月亮围绕地球转动，同时地球不停自转从而产生昼与夜的差别。

2. 小组讨论分配角色，根据角色制作面具。
3. 根据PPT出示的关键句，戴上面具，演示太阳、地球、月亮三者关系。
4. 小组成员自主研究什么情况下会出现日食和月食现象。
5. 将研究成果向教师汇报。
6. 集中出示PPT：

A.当三者排成一条直线时会出现日食或月食现象。

B.当月亮在中间挡住了太阳光射向地球，就出现了日食。

C.当地球在中间挡住了太阳光射向月亮，就出现了月食。

在研究"地球的内部结构"的活动中，通常的教学会直接向学生展示图片，让学生通过观察得出结论。而在"地球空间"课程中是这样实施教学的：

　　1. 小组讨论地球内部的结构组成。

　　2. 出示地球内部结构图，引导学生联想与地球内部结构相似的物品（熟鸡蛋等）。

　　3. 研究鸡蛋的哪部分代表地壳、地幔、地核，然后按照指令吃鸡蛋。

　　4. 拓展了解地球内部结构的细分。

研究地球成了吃鸡蛋活动，学生一边按照不同的要求吃鸡蛋，一边认识地球的内部构造。这堂课结束后，学生把地球的内部结构记得牢牢的，甚至有时在午餐吃鸡蛋时也会条件反射地说出地球的内部结构名称。

在研究"地球板块构造"的活动中，通常的教学可能会直接向学生播放一段视频，让学生通过观看视频了解地球板块的构造。而在"地球空间"课程中是这样实施教学的：

Step1：了解地球板块构造学说。

Step2：

1. 每人拿一张报纸。

2. 把手里的报纸撕成六块，用报纸制作地球的六大板块。

3. 每人将自己的六小张报纸混淆，找人交换。

4. 把报纸拼回原状。

宏观、浩大的地球板块竟然成了学生手中常见的报纸，而通过学生喜闻乐见的拼图形式，将本来无法直观理解的内容变成了游戏。通过游戏，学生十分容易且能印象深刻地了解相关知识。

　　学习内容的改变使得项目化学习的组织方式和内容是开放的，突破了传统教学在统一规定下的教学内容，为学生提供了大胆创新、实现自我超越的学习环境。学生在探究学习的过程中，能够大胆地怀疑，提出问题，探讨解决问题的方案，对不同的结果进行分析，提升创新意识和创造能力。

三、项目化学习中的师生交往：共同探讨解决问题

在项目化学习过程中，教师不再是高高在上的权威，学生也不再是被动接受知识的容器，师生变成共同学习的"学习共同体"，学习过程变成平等对话、互教互学的过程。在项目化学习中，教师尊重每一个学生的感受、思想和意愿，努力用开放、探索的态度来组织教学活动，和学生共同探究，一起讨论，师生关系在平等的基础上更加融洽。

一年级"地球空间"主题的探究单元是"天气和气候"，其中有个项目活动"晴雨花"，大致内容是让学生用粉红色纸做成一朵纸花，在花上洒上浓食盐水，把花插到器皿里，等花干了以后，就可以观察晴天和雨天纸花的不同颜色变化。这是因为盐纸花容易吸收水分。雨天空气湿度大，纸花吸收水分，颜色会显得暗一些；晴天则相反。

学生的观察法

当学生完成了"晴雨花"活动之后，有的学生不禁开口问老师："这个晴雨花真的能预报天气吗？""它到底会有什么变化呢？"由于制作完成的当天是晴天，学生根本无从比较。于是，我反过来问他们："如果要想得出结论，你们有什么好办法吗？"孩子们都想了想，便你一言我一语地支开了招。"把它带回去，天天看。""带回去会被爸爸妈妈扔掉的！""我想把它放在教室里。""教室里没有地方可以放的，会被扣清洁分的。""那怎么办？""我有办法了，把我们的晴雨花全部插在一个花瓶里，放在窗台上，这样既美观，又方便观察。""这个办法好！""我同意！""我也同意！""我也同意！"……看到孩子们既有完成实验的积极性，又有爱观察的探究之心，再加上乐于思考的精神，我不免在心里暗自为他们鼓掌。于是，我听从了孩子们的建议，将他们制作完成的晴雨花全部插在了一个花瓶中，放在了他们教室外的窗台上。这瓶特殊的花成了他们教室外一道独特的风景。路过的老师和同学都不免要看上一眼，孩子们更是一下课就要去看个究竟，特别是当雨天时更是观察得仔细。一个星期后，孩子们已经能清晰地表达出自己亲眼观察到的现象了。

课堂中师生关系的平等要求教师在教学活动中摆正自己的位置，即成为引导者、合作者、组织者，这样的定位使得教师在实施教学的过程中能够专心致志地倾听学生的发言，能及时在学生的发言中找到适当的教学突破口，通过引导、鼓励的方式帮助学生提高学习兴趣，建立探究信心。在探究的过程中，教师也不再是旁观者，而是参与者，共同参与学生的话题讨论，并在讨论中及时引导。在某些活动中，学生的所知甚至超越了教师，此时的教师更是放低了姿态，向学生求教，教学相长在项目化学习中得到了最佳诠释。

四、项目化学习中的评价：学会运用是最好的评价

四年级"地球空间"主题的探究单元是"灾害和援救"，人类虽不能消除自然灾害，但可以采取措施减少灾害对人类的影响。因此学生面对的问题是究竟采取怎样的措施可以减少灾害对人类的影响。真正遇到灾害时，我们的学生又会不会采取适当的方式自救呢？

> **两个教学片段**
>
> 片段一：一天，学校要组织活动，为了使活动气氛活跃，学校规定每个教室都要进行布置。于是，班主任倪老师开始布置教室。她想在教室里悬挂一个装饰品，但由于装饰材质较滑，悬挂的位置又不佳，导致装饰品始终无法悬挂好，下课刚刚挂好的物品刚一上课便又掉了下来。当一名学生把掉落的物品交到倪老师手中的时候，倪老师想着：算了，这个物品就不挂了。这时，其他几个学生却接过了物品对倪老师说："让我们来试试！"其中一名学生拿着悬挂的物品三下五除二便把它挂好了，神奇的是被学生挂好的装饰品竟然没有再掉落。一旁的另一名学生随口问道："你用的是背牵结对吗？"只听这名学生回答道："对的，背牵结比较牢，渔人结不能用的。""嗯，我就知道！"这段对话，听得倪老师一头雾水（注：倪老师不承担项目化学习的教学任务），便问道："这两个什么结你们怎么学会的呀？"两名学生异口同声地回答："'灾害和援救'里学的。"

> 片段二：检查完眼保健操的卫生老师尤老师刚走进卫生室，就看到一个男生坐在椅子上，身边站着一个女生，正在关心地问男生还疼不疼。尤老师看了看男生，只见男生满头是汗，手腕上缠着纱布，便关切地问道："你的手腕怎么啦？是谁给你包扎的？"男生答道："刚才上体育课不小心摔了一跤，她帮我包扎的。"一边说着，一边指了指身旁的女生。女生接着说道："我看您不在，就检查了他的情况，觉得可以使用包扎的方法救救急，就使用了您橱柜里的干净的纱布替他先简单包扎了一下。"尤老师看了看女生包扎的纱布，发现竟然包扎得很专业，便好奇地问女生："你学过包扎？"还没等女生回答，男生便抢着答道："我们在项目化学习里学的，我自己也会的，就是自己给自己包扎包不太好，所以让她帮我的。"

无论学生在项目化学习中的表现有多优秀，最终这些活动所隐含的主题和目标仍旧会"回馈"到学生的生活中。如果学生在生活中运用了在项目化学习中习得的技能，就是对项目化学习最好的评价，同样也是对教学实施过程本身最好的评价。

五、项目化学习中的教师支持：应对课堂组织"出轨"现象

在平时的课程学习中，教师按照教案所指按部就班地组织课堂教学。由于在教案设计中已经预设了一些学生可能的反应和表现，所以在课堂教学中，教师几乎是在既定的轨道上组织运行，很少有偏离轨道的时候。与其不同的是，主题式课程内容的开放性、活动实施对象的认知水平不同等，都可能导致教师课堂组织的"出轨"。此时，教师灵活、有效的处理显得尤为重要。

让雨"下得"更科学

如果要让学生了解雨的形成过程,通常的做法是让学生通过看示意图或者某些科学视频客观地了解。但其实,示意图和视频都离学生太远,学生很难真正理解和记忆。于是,我想到了让学生采用喷雾瓶、餐盘来完成雨的形成过程。然而,一开始,一年级的学生拿到灌满水的喷雾瓶极其兴奋,还没等我提出要求他们便拿着喷雾瓶到处乱喷,弄得到处是水。有了这样不成功的经验后,我便在活动正式开始前讲清活动规则和安全要求,然后让学生带着问题按照步骤来操作。可是,问题仍旧存在,学生按照步骤来操作了,也认真观察了,但得出的实验结论大相径庭,各执一词。在分析了种种情况后,我发现原来学生按动喷雾的次数和角度,以及喷雾瓶和餐盘的距离都有讲究,不同的实验方式得出的结论当然是不尽相同的。于是,我将活动暂停,并告知学生前面的实验是失败的,并询问学生失败的原因,让他们自己思考为什么实验会失败。一些观察力和分析力都俱佳的学生竟然能将实验失败的原因说得头头是道。于是,我根据学生自己分析的原因,引导学生重新做了一遍实验。这次,学生的实验结果当然就十分一致了。

当预设的项目活动无法实施的时候,对项目实施的教师就提出了更高的要求,他们被要求在最短的时间里快速思考,对如何进行接下来的教学迅速拿出方案。在这个过程中,教师平时惯用的依赖教案的课堂教学组织方式不再奏效,取而代之的是自创型课堂教学组织方式。由于最终一个活动开展得成功与否都能通过评价的方式得以反馈,因此教师也能根据学生表现出的结果来评价自身的教学是否成功。

本章结语

"地球空间"这一单元让学生从关注简单的天气和气候开始,到最终能在幼小的心灵中扎根环保的意识,通过对知识的了解提出个性化问题:"人类是否会因为自身的繁衍过度而使整个自然生态链失衡而走向灭亡?人类创造更高文明的活动引发的全球变化是否将进而构成人类生存的威胁?我们将怎样建立人类与自然协调发展的新关系,创造人类长久美好的未来?"

进而学生根据质疑,积极投身到探究活动中,进一步了解地球是有限的,地球的资源也是有限的。然后随着年级的升高、年龄的增加、各方面理解能力的增强,学生利用自己的智慧与能力,通过科学调查研究等活动渐渐投身到环保的行列中,意识到在实际生活中关爱与保护地球,科学地处理好与地球的协调发展,就是关爱和保护人类自身的生存与持续发展。

学生正在自制绳梯

学生在用积木模拟各类自然灾害

学生正在绘制地图

第七章 地球空间：保护资源与共享星球

学生在测试简易地震仪

跨学科的项目化学习：
"4+1"课程实践手册

第 八 章

技术工程：技术运用与持续发展

"技术工程"课程旨在引导学生运用多种材料和不同的技术方法来解决实际问题，以找到改进自己、改进他人和世界，并促进可持续发展的解决方案。

当大人们理性分析着技术革命是如何推动着社会发展时，儿童更多体验到的是技术的神秘。

为什么在跷跷板上儿童能把大人给跷起来？

为什么一块木头经过3D打印之后就会变成一只小白兔？

为什么看起来很重的铁桶，在底下放上几根木棍，就能够轻松滚动起来了？

"技术工程"这门课程，会带领学生慢慢揭开这些现象背后的神秘面纱，让学生懂得简单的技术原理。

第一节 "技术工程"是什么？

技术工程是人类力量的延伸、智慧的体现。

如何让学生在体验的过程中探索技术工程的原理？怎样鼓励学生在探索的过程中发挥自己的聪明才智？如何让学生对技术充满热情又保持敏感？对这些问题的思考是构建这门课程的基点。

一、现场

> **"我在课堂上学会了开酒瓶"**
>
> 学校的"1"课程太好玩了，因为总是会学习一些在平时课程中不会学习的东西。这次老师让我们在家里挑选两种生活中用到的工具，然后带到学校来。平时早上我可能会赖床，但是这次我早早就把书包收拾好了。一路上我盼望着早点到学校，盼望着早点开始上课。
>
> 终于等到第一节课了。平时在家里的时候，妈妈说这些工具只有大人才能用，小孩子不许动。今天终于有机会可以大显身手了，我们已经迫不及待要"挥舞"自己的工具了。老师把我们分成了六个小组，每个小组

都有不同的任务。我们小组拿到的是一个塞着软木塞的酒瓶。老师让我们想办法用我们带的工具把酒瓶里的软木塞拔出来。我的同桌说："我们用锤子把这个木头给砸进去吧。"有同学反对："不行,砸进去了,那不就掉进瓶子里了吗,软木塞还在里面。"我隐约记得爸爸开啤酒的样子,赶忙出了一个主意:"这种酒瓶我见我爸爸开过,他是用嘴巴咬开的。"结果我们组长一边大笑一边说:"那个是啤酒瓶,上面是个盖子,跟这个酒瓶不一样。"这个时候,小组里唯一的男生神秘兮兮地从包里拿出一个工具,得意扬扬告诉我们:"这是红酒起子,我们来试试,我见哥哥用过。"哇,大家都惊叹起来,红酒起子也带来了。

工具是有了,可是怎么用呢?我们尝试着把弯弯曲曲的钻子插进软木塞,可是只能插进去一点点,然后任凭我们怎么用力压,钻子还是纹丝不动。这时候老师走过来,发出了疑问:"为什么这个钻子是弯弯曲曲的呢?要不要试着把这个酒瓶起子旋转一下?"我扶着酒瓶,其他同学一起转动着起子。于是,神奇的一幕发生了,酒瓶起子就这样一点一点进入了软木塞中。怎么拔出来呢?我们看到旁边两侧都有一个类似手把的东西,又开始折腾起来,一会儿把它向上拔,一会儿把它向下压,在尝试了几次之后,软木塞终于被我们拔出来了。我们偷偷瞥了一眼其他小组,他们的任务还没有完成。这简直太有意思了。我就这样在课堂上学会了开酒瓶。

这是根据一名一年级小姑娘对"技术工程"这门课程的感受而整理的。这个片段描述了"技术工程"中"我们家的工具箱"任务一次完整的学生经历和体验。

这项任务活动主要是为了帮助学生认识生活中常见的工具,知道这些工具的名称以及具体的使用方法。起瓶器、削皮刀,这些看似简单的工具却有它们特定的用途。许多事情单单依靠我们的双手很难完成,而借助这些工具就能轻易解决。学生正是在使用这些工具的过程中,慢慢懂得借助外界力量的重要性。

二、如何理解"技术工程"？

"技术工程"主题式课程是一门怎样的课程？它主要关注人们在生活和生产过程中如何利用科学知识和技术方法解决问题，促进社会的可持续发展。每一次的技术革命都是在技术更新中推动的，从原始的石器、工业革命时期的蒸汽机、电力应用到现在的人工智能，技术的进步一步步推动着人类的发展。

那么，"技术工程"课程对小学阶段的学生意味着什么？在低年级阶段，学生从了解简单的工具和工具使用开始，感受利用机械为自己的生活带来的便利，然后根据自己在生活中遇到的一些问题，尝试自己动手设计和制作工具来满足自己的需要。在高年级阶段，学生能够了解到目前科学技术中一些比较前沿的研究，比如体验3D打印技术是如何打印产品的，然后能够进行基于复杂问题的工具设计与推广。因而，对小学生来说，"技术工程"课程是学会利用工具和技术来不断解决自己遇到的问题的过程。

实际上，"技术工程"课程在小学阶段最重要的是实践，让学生在不断动手操作和体验的过程之中感受到技术工程的魅力。这门课程主要培养学生以下两种核心技能。

（1）审美技能。审美技能是学生认识美、评价美的能力。"技术工程"课程主要关注对色彩运用、材料质地、物体结构等方面的感受力，以及判断力、想象力和创造力等。

（2）技术应用技能。技术应用技能主要是指学生使用信息技术和工具的能力。在小学阶段主要表现为信息及数据记录、工具与设备操作和材料选择的能力。

第二节 "技术工程"的项目结构

项目结构是课程内容的集中体现。"技术工程"的各年级主题是"技术工程"课程最上层的设计,其次是各年级的各个主题项目的结构与实施,最后是各项目中任务群的设置与展开。

一、"技术工程"的年级主题

"技术工程"课程从学生身边的简单机械入手,到工具的设计与制作,再到现代3D打印技术等,带领学生从对这些材料和技术的"了解"走向"运用"。每一年级的年级主题结合学生身心发展特点,也设计了从简单到复杂的项目内容。表8–1列出了一至五年级"技术工程"的主题及其内涵。

表8–1 一至五年级"技术工程"的主题及其内涵

年级主题	项目内容
一年级:简单机械	认识生活中的简单工具; 简单的工具使用; 动手制作工具; 机械可以提高效率。
二年级:工具设计与制作	人类的很多发明是为了解决问题或者满足需求; 解决问题的过程和态度产生了不同的结果。
三年级:植物养殖	不同的系统适应不同植物的养殖方式; 班级和瓶子花园的整体设计和制作。
四年级:3D打印技术	3D打印技术的作用和软件使用; 基本的设计与问题解决; 产品的测试与修改。
五年级:基于问题的设计和制作	针对需求的个性化产生的设计、制作、使用和市场推广。

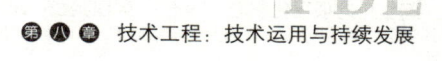

在"技术工程"这门课程之中,一、二年级的学生主要学习的是基础的工具与设备操作,包括认识一些简单机械、各类工具、仪器与设备的使用。在三年级时,通过植物养殖这一主题,引导学生进行科学的观察,并通过制作图表、做标记等方式来收集数据,初步培养学生对数据的记录与分析能力。四年级时关注的是现代技术工程中的软件使用能力,同时培养学生关注科技发展前沿的态度。五年级时更加关注综合应用的能力。正是通过主题的深化,"技术工程"这门课程一步一步培养着学生对技术工程的热爱,促进学生技术能力的提升。

二、项目结构:以一年级为例

一年级的"技术工程"课程首先让学生认识生活中常见的工具,了解这些工具是如何使用的。然后让学生自己动手制作生活中一些简单的工具,比如便笺本、画架、手电筒和挂钩等,让学生在实践应用中感受工具带来的便捷。最后将工具的概念进一步扩大,拓展到机械的概念上,让学生在使用杠杆、斜面的过程中认识到机械能够帮助人类提高效率。在实施这些内容的过程中,一年级"技术工程"课程尽可能让学生自己动手去摆弄和体验,增加学生运用工具和机械的经验,这也非常符合一年级学生活泼好动的个性。

1. 认识生活中的简单工具

这部分主要是教会学生认识生活中简单工具的名称。学生在懂得一些工具使用安全注意事项的基础上,分享自己家中的工具箱,并介绍这些工具的使用,初步积累对工具的感性认识。

这部分通过以下具体项目来帮助学生认识生活中简单的工具:

- 安全协议;
- 工具找"家";
- 我们家的工具箱;
- 火眼金睛;
- 工具的用途;
- ……

2. 简单的工具使用

这部分是让学生了解不同工具使用的方法，进一步积累工具使用的经验。学生在运用尺子、计算重量等活动中，将会独立摸索多种工具的使用方法，懂得每种工具都有其特定的使用范围。

这部分通过以下具体项目进一步让学生懂得生活中工具的使用方法：

- 百变魔术；
- 计重师；
- 水果拼盘；
- 创意钟面；

……

3. 动手制作工具

这一部分通过让学生动手制作一些有趣又实用的小物品，锻炼学生的动手能力，使学生感受工具带来的便捷。学生在动手制作工具的过程中，还需要和身边的小伙伴合作完成任务。同时，也是在动手制作工具的过程中，学生变成一个个创造家，将自己想象中的物品变为现实。

学生将会在这些具体项目中亲自动手来制作工具，感受创造带来的乐趣：

- 小小修笔匠；
- 制作便笺本；
- 制作弹簧相片夹；
- 手电筒制作家；
- 工具总动员；
- 制作画架；
- 创意挂钟展；
- 超级挂钩；

……

4. 机械可以提高效率

这一部分主要是为了让学生了解简单的机械原理，感受机械给人们生活带来的便利。在这个主题中，学生会接触杠杆、多米诺效应等名词，在动手操作的过程中，初步懂得一个人双手的力量是有限的，机械能够帮助人类提高工作效率这一道理。

这一部分将会通过以下具体项目来让学生进一步感受工具的意义：
- 巧用杠杆；
- 巧用斜面；
- 巧用多米诺；
……

第三节 "技术工程"项目群：以一年级"简单机械"主题为例

一年级"技术工程"课程的项目主要围绕"简单机械"展开，这一主题又由四个部分构成，主要指向的是工具的使用和工具的意义。本章在四个部分中选取了六个具体项目，分别如下：

在第二部分"简单的工具使用"中，我们呈现的是"计重师"项目。这一项目主要让学生了解不同计重工具的使用方法，学会判断工具使用的条件。

第三部分是让学生动手制作工具，这里呈现了其中的四个项目："工具总动员""制作弹簧相片夹""创意挂钟展""超级挂钩"。

第四部分是让学生感受并理解机械提高效率这一道理，我们呈现了"巧用杠杆"这一项目，让学生在动手实验的基础上，初步感受机械能够节约人力的道理。

一、"计重师"项目

"计重师"是"简单的工具使用"这一主题下的项目。生活中一些常见的工具有着相似的功能。那么，在选取工具的时候，学生如何根据自己的目的，来选取合适的工具进行使用呢？本次任务聚焦在电子秤和弹簧秤的使用上，培养学生理智选择工具的能力。表8-2列出了"计重师"项目实施指南。

表8-2 "计重师"项目实施指南

建议时间：1小时	单元主题：简单机械	项目活动：计重师
项目描述： 选择合适的计重器，分别测出不同物品的重量。		
主要关联技能： 技术应用技能（信息及数据记录）	**主要关联学科：** 数学、科学	
项目目标： 1. 能够了解不同计重工具的特点和功能 2. 能够根据待测物的特点选择合适的测量工具 3. 能够对测量结果进行准确读数和记录 4. 能通过评价表了解自身的不足和需要改进的地方		
材料准备： 教师：用于测量重量的电子秤；用于测量重量的弹簧秤；任务报告纸；评价量表；学生名单若干张 学生：待测物品若干；塑料袋（辅助测量工具）		
作品结果表现方式： 完成测量任务报告		
驱动性问题： 在生活中，我们需要秤不同体积和重量的物体。如何挑选合适的秤来使用呢？		

项目步骤	教师支架
一、学习两种秤的使用方法 （一）观察两种秤的外形，根据教师的课件了解两种秤的工作原理 （二）认识弹簧秤的使用方法 1. 根据给出的弹簧秤计数图片，讨论如何正确读数，全班进行读数方法交流 2. 讨论如何测量特殊物体（无法直接挂在弹簧秤上）的重量	展示两种计重秤，在学生提供的思路和使用方法基础上总结正确的使用方法。

续表

项目步骤	教师支架
二、制订计划 （一）学生了解任务报告的内容 （二）学生分小组制订完成任务报告计划 计划要求： 1. 明确所需要称重的物体，补充完善报告 2. 明确称重不同物体时所需要的工具 3. 小组成员分配计重任务	根据学生计划制订和分工的情况，提供有效分工合作的基本思路和方法。指导没有完成计划和计划不明确的小组完善计划和报告纸。
三、进行物体测重 （一）根据分工，小组成员完成各自计重任务 （二）根据测量结果，完成任务报告单	教师根据学生的测量记录情况，以样例示范的方式指导学生进行简单的数据记录。在学生数据收集和分析的过程中介入指导，以提高其操作的准确度。
四、交流分享 学生分享测量工具的选择经验，交流各自的测量数据，以及在测量中遇到的问题和解决方案。	根据学生提出的无法解决的问题，教师给予适当指导。

项目评价：

1. "最佳计重师"小奖状（互评、教师评）
2. "计重师"自评和互评表

评价人：		
评价内容	自评星级	互评星级
积极参与讨论，给出问题解决方案	☆☆☆	☆☆☆
能够准确选择物体的计重工具	☆☆☆	☆☆☆
能够准确读数和记录数据	☆☆☆	☆☆☆
乐于奉献，有团队精神	☆☆☆	☆☆☆

学生档案袋材料收集：

1. 任务报告单
2. 自评和互评表
3. 奖状

在"计重师"项目实施的过程中,学生在比较这两个秤测量的物体重量时,需要及时在表格中记录下这些数据。这个过程重点考查学生技术应用能力中的观察与记录能力。此外,学生是在和同伴的相互配合下共同来完成这个称物体的任务的,他们将会在这个过程中更加了解身边的小伙伴,也能感受到团队合作的默契带来的美好享受。

二、"工具总动员"项目

"工具总动员"是"动手制作工具"活动主题下的一个项目。在这个项目中学生需要完成一系列连贯的活动,包括开汽水、拔出葡萄酒瓶的软木塞、使用漏斗把汽水灌进葡萄酒瓶、制作杯垫。而在这一系列活动中,学生需要使用最恰当的工具,在最短的时间里完成这些操作。其中,开瓶器、漏斗、砂纸等工具的使用能够让学生学习安全操作设备和工具。而手绘杯垫的制作则要考验学生审美技能中色彩的运用技能。表8-3列出了"工具总动员"项目实施指南。

表8-3 "工具总动员"项目实施指南

建议时间:2小时	单元主题:简单机械	项目活动:工具总动员
项目描述: 用合适的工具依次开瓶装汽水、拔出葡萄酒瓶的软木塞、把汽水灌进葡萄酒瓶、制作杯垫。		
主要关联技能:技术应用技能(工具与设备操作)、审美技能(光线和色彩)	主要关联学科:科学、美术	
项目目标: 1.能够安全使用开瓶器、砂纸等工具 2.能够了解色彩的丰富性与和谐统一 3.学会使用生活中的一些工具和机械来解决生活中的问题 4.能通过评价表对自己和他人的作品做出合理的评价		

续表

材料准备：
教师：1. 用于开汽水瓶盖的起子
2. 用于练习使用起子的玻璃瓶装汽水
3. 用于开红酒的红酒开瓶器
4. 用于练习使用红酒开瓶器的空红酒瓶和软木塞
5. 用于制作杯垫的木块
6. 用于处理木片边缘的砂纸
7. 评价量表
8. 学生名单若干张

作品结果表现方式： 装有汽水并且塞紧木塞的红酒瓶一个（小组）、手绘木制杯垫一个（个人）

驱动性问题：
大家知道如何选择最合适的工具最快解决遇到的问题吗？

项目步骤	教师支架
一、制订计划 （一）小组讨论每种工具的功能和使用场合 （二）学生明确各项活动任务 任务一：将空红酒瓶里的软木塞取出。 任务二：开启汽水瓶。 任务三：将汽水瓶里的汽水倒入红酒瓶。 任务四：用软木塞塞住红酒瓶，防止汽水溢出。 任务五：完成杯垫制作。 （三）小组制订任务计划 计划要求： 1. 明确小组成员分工 2. 明确每个任务操作流程 （四）交流计划，小组完善自己的任务计划	根据学生对工具的观察和讨论结果，教师对学生的讨论结果加以补充和说明，梳理正确的操作步骤。

续表

项目步骤	教师支架
二、任务操作 （一）签订安全协议 （二）学生用手将空红酒瓶中的软木塞取出 （三）学生使用起子将汽水瓶盖打开 （四）学生将汽水倒入红酒瓶中，注意不让汽水溢出 （五）学生用砂纸将木片的四周打磨光滑 （六）学生使用水彩笔或颜料等制作美化杯垫 三、展示分享 （一）分享交流工具的使用心得 （二）用张贴、陈列等方式摆放各小组学生制作完成的木制杯垫。全班同学参观，并用投票（贴粘纸等）方式选出"十佳杯垫"	此项活动任务存在非常多的安全隐患，如汽水瓶炸裂、玻璃瓶易碎、木片木刺等危险，所以在活动前的安全教育一定要强调安全细则，且在活动过程中一定要不断巡视学生的任务操作。

项目评价：

1. "十佳杯垫"小奖状（或敲章等方式）（互评、教师评）
2. "工具总动员"任务完成度自评和互评表

评价内容	自评星级	互评星级
取出红酒瓶软木塞	☆☆☆	☆☆☆
打开汽水瓶盖	☆☆☆	☆☆☆
汽水倒入红酒瓶中	☆☆☆	☆☆☆
塞住软木塞	☆☆☆	☆☆☆

3. 杯垫作品自评和互评表

评价内容	自评星级	互评星级
杯垫四周光滑	☆☆☆	☆☆☆
杯垫形状大小适中	☆☆☆	☆☆☆
杯垫图案设计美观	☆☆☆	☆☆☆
杯垫颜色丰富多彩	☆☆☆	☆☆☆

续表

学生档案袋材料收集：
1. 木制杯垫
2. 两张评价表
3. 奖状

在"工具总动员"项目实施的过程中，教师要特别关注安全教育。小学生的安全意识比较薄弱，加上这项活动中存在着许多安全隐患，如汽水瓶炸裂、玻璃瓶破碎等，所以在活动开始前教师需要特别明确工具使用的规则，并且在活动过程之中，教师要不断巡视，观察学生是如何操作的，对于一些危险的做法要及时制止。

三、"制作弹簧相片夹"项目

"制作弹簧相片夹"是"动手制作工具"主题下的项目。这个项目的情境对学生来说具有一定的吸引力，学生在制作自己使用的小工具时会表现出强烈的兴趣。在这个项目中，学生会通过小组合作的方式，一起设计并使用铅丝制作一个具有弹簧装置和固定相片功能的相片夹。表8-4列出了"制作弹簧相片夹"项目实施指南。

表8-4 "制作弹簧相片夹"项目实施指南

建议时间：2小时	单元主题：简单机械	项目活动：制作弹簧相片夹
项目描述： 设计并用铅丝制作一个具有弹簧装置和固定相片功能的相片夹。		
主要关联技能：技术应用技能（材料选择）、审美技能（比例与结构）		**主要关联学科**：美术、科学
项目目标： 1. 能够了解铅丝易变形的特性，并用铅丝自制弹簧装置 2. 能够选择合适的材料制作相片夹的不同部分 3. 能够按照正确的位置关系组装弹簧相片夹 4. 能通过评价表对自己和他人的作品做出合理的评价		

续表

材料准备：

教师：1. 用于制作弹簧和相片夹部分的软铅丝

　　　2. 用于投票的工具

　　　3. 用于计时的工具（沙漏、闹钟或其他）

　　　4. 评价量表

　　　5. 学生名单若干张

学生：1. 用于制作相片夹底座的超轻彩泥若干

　　　2. 用于展示的相片一张

作品结果表现方式： 每人制作完成的弹簧相片夹

驱动性问题：

这个学期末，学校要邀请爸爸妈妈一起来参加学校开放日活动，你能亲手制作一个弹簧相片夹，在你的桌上摆放一张全家福吗？

项目步骤	教师支架
一、制订计划 （一）学生分小组初步了解弹簧相片夹装置的外形特征和装置原理 （二）学生分小组制订弹簧相片夹的制作计划 计划要求： 1. 明确用铅丝制作弹簧的方法 2. 明确弹簧相片夹的制作要素（诸如造型、弹簧、底座等） （三）交流计划，形成弹簧相片夹制作的统一要求（建议弹簧部分全班统一制作，造型和底座部分由学生自由合理发挥）	教师出示弹簧相片夹的构造图，帮助学生理解装置原理。 根据学生对弹簧相片夹的观察结果，帮助学生总结和明确弹簧相片夹的构成要素。根据学生对制作弹簧相片夹步骤讨论的结果，引导学生梳理正确的制作步骤。
二、制作弹簧相片夹 （一）小组讨论如何用铅丝制作弹簧 （二）班级交流制作弹簧的方法，选择一种最合适的方法进行制作（建议使用铅丝绕铅笔的方法制作美观的弹簧） （三）学生自己设计弹簧相片夹造型草图 （四）学生根据设计草图完成个人作品	使用铅丝前对小朋友进行安全教育；帮助学生用沙漏或闹钟进行时间管理。

续表

项目步骤	教师支架
三、展示分享 用张贴、陈列等方式摆放各小组学生制作完成的弹簧相片夹。全班同学参观，并用投票（贴粘纸等）方式选出"最佳弹簧相片夹"。	教师给出投票评选的参考标准。

项目评价：

1. "最佳弹簧相片夹"小奖状（或敲章等方式）（互评、教师评）
2. 弹簧相片夹制作过程自评和互评表

评价内容	自评星级	互评星级
积极参与动手操作，准备多种材料	☆☆☆	☆☆☆
独立构思设计方案，方案多样，新颖独特	☆☆☆	☆☆☆
能完整地画出弹簧相片夹造型草图	☆☆☆	☆☆☆
能大方、流利地介绍自己的设计草图	☆☆☆	☆☆☆
对弹簧相片夹做出调整和改进	☆☆☆	☆☆☆
成果满意度	☆☆☆	☆☆☆

3. 弹簧相片夹作品自评和互评表

评价内容	自评星级	互评星级
材料选择	☆☆☆	☆☆☆
相片夹造型美观度	☆☆☆	☆☆☆
相片夹底座稳定度	☆☆☆	☆☆☆

学生档案袋材料收集：

1. 自制的弹簧相片夹作品照片
2. 弹簧相片夹造型草图
3. 两张评价表
4. 奖状

在"制作弹簧相片夹"项目实施的过程中，学生需要解决下面两个关键的问题。第一，设计怎样的相片夹？第二，选择怎样的材料来制作相片夹？学生在安排相片夹各部分的比例时，需要调动审美技能中的结构安排能力；学生选择材料进行组装、绘制一些图案美化相片夹的过程，也是锻炼材料选择和色彩运用能力的过程。

四、"创意挂钟展"项目

"创意挂钟展"是属于"动手制作工具"主题下的项目。"工具总动员"和"制作弹簧相片夹"两个项目主要是让学生动手制作一些简单的工具,而"创意挂钟展"还需要学生发挥自己的想象力和创造力。在这一活动中,学生如果想要得到教师的高价拍卖,所做的挂钟要兼具实用性和观赏性。学生为了完成这项任务,需要调动数学知识中有关闹钟结构与功能的知识,还要在设计时发挥个性化的创造。使用哪些材料来制作挂钟的时针和分针,这涉及审美技能中材料选择和色彩运用的问题。表8-5列出了"创意挂钟展"项目实施指南。

表8-5 "创意挂钟展"项目实施指南

建议时间:1小时	单元主题:简单机械	项目活动:创意挂钟展
项目描述: 组装挂钟机芯,并设计钟面,制作创意挂钟。		
主要关联技能:审美技能(比例与结构)、技术应用技能(材料选择)	主要关联学科:科学、美术、数学	
项目目标: 1. 能设计完整的钟面并有自己的创意,进行美化 2. 能将12个数字均衡对称地分布在钟面上 3. 能选择合适的材料装饰挂钟的钟面 4. 能通过评价表对自己和他人的作品做出合理的评价		
材料准备: 教师:1. 用于制作挂钟的机芯及配件 　　　2. 用于计时的工具 　　　3. 评价量表 　　　4. 学生名单若干 学生:1. 用于制作钟面的硬纸板 　　　2. 用于裁剪硬纸板的剪刀 　　　3. 用于美化钟面的绘画工具(建议用水彩笔或油画棒)和装饰物(粘纸或卡通胶带等) 　　　4. 用于安装在挂钟机芯中的五号电池一节		

续表

作品结果表现方式： 每人制作完成的创意挂钟

驱动性问题：
老师最近家里新装修了房子，缺少一个又有创意又实用的钟。你们能够利用桌面上的材料，来设计一个又实用又有创意的钟面吗？老师稍后会举行一个拍卖会噢，我出价的标准是，第一，我要能够从这个钟面上看到具体的时间，几点钟；第二，钟面有创意，和我们平时看到的钟面不一样。

项目步骤	教师支架
一、制订计划 （一）学生观察挂钟，分小组初步了解挂钟的外形特征 （二）学生分小组制订创意挂钟制作计划 计划要求： 1. 明确创意挂钟制作的基本步骤 2. 明确挂钟制作的基本要素（数字、刻度、机芯、时针、分针和秒针） （三）交流计划，形成班级制作创意挂钟的统一要求（建议至少具备时针和分针两个要素，主要创意体现在钟面的形状、图案和钟的整体结构设计上）	根据学生对挂钟的观察结果，帮助学生总结和明确挂钟的构成要素。根据学生对制作钟面步骤的讨论结果，引导学生梳理正确的制作步骤。
二、制作创意挂钟 （一）画出钟面设计草图 （二）根据草图制作创意挂钟钟面并进行装饰 （三）固定创意挂钟的机芯，并安装电池，确保时钟能正常使用	教师根据学生的设计情况，随机对学生进行审美和安装电池的指导。
三、创意挂钟展 展示创意挂钟，全班同学参观，并用投票（贴粘纸等）方式选出"最有创意挂钟"。	教师给出投票评选的参考标准。

续表

项目评价：
1. "最有创意挂钟"小奖状（或敲章等方式）（互评、教师评）
2. 创意挂钟制作过程自评和互评表

评价内容	自评星级	互评星级
积极参与动手操作，准备多种材料	☆☆☆	☆☆☆
独立构思设计方案，方案多样，新颖独特	☆☆☆	☆☆☆
能完整地画出挂钟钟面设计草图	☆☆☆	☆☆☆
能大方、流利地介绍自己的设计草图	☆☆☆	☆☆☆
对创意挂钟做出调整和改进	☆☆☆	☆☆☆
成果满意度	☆☆☆	☆☆☆

3. 创意挂钟作品自评和互评表

评价内容	自评星级	互评星级
材料选择	☆☆☆	☆☆☆
钟面美观度	☆☆☆	☆☆☆
挂钟完整度	☆☆☆	☆☆☆
时间准确度	☆☆☆	☆☆☆

学生档案袋材料收集：
1. 创意挂钟模型照片
2. 创意挂钟设计草图
3. 两张评价表
4. 奖状

在"创意挂钟展"项目实施的过程中，教师可以利用任务情境中的"竞拍出价"来作为对这一作品的评价，并且明确告诉学生在挂钟的实用性上出了多少价格，在挂钟的观赏性上出了多少价格，这样学生就能明确知道自己设计的创意挂钟还可以在哪方面进行改进。这一评价也可以是过程性的，如果学生愿意再次修改自己的作品，教师可以依据学生改进的情况对学生进行再一次的评价。

五、"超级挂钩"项目

"超级挂钩"项目也是"动手制作工具"中的任务。这一任务综合性较强，对学生来说也更加有难度。这个活动解决的是学生日常学习生活中面对的真实问题：教室中物体摆放杂乱，如何设计一个超级挂钩把这些物品都挂上去呢？这个问题首先涉及审美技能中比例与结构的问题，需要学生具备这方面的知识；其次在设计钉子的位置时，还需要学生自己把钉子钉进去，如何控制钉进去的深度，这涉及技术应用技能中的工具与设备操作能力。表8–6列出了"超级挂钩"项目实施指南。

表8–6 "超级挂钩"项目实施指南

建议时间：2小时	单元主题：简单机械	项目活动：超级挂钩
项目描述： 用锤子在木板上钉6个钉子，能同时挂上6件不同重量、不同体积的物品。		
主要关联技能：技术应用技能（工具与设备操作）、审美技能（比例与结构）		**主要关联学科**：科学、数学
项目目标： 1. 能够选择合适的材料制作挂钩 2. 能够按照正确的位置关系组装挂钩 3. 能通过评价表对自己和他人的作品做出合理的评价		
材料准备： 教师：1. 用于制作挂钩的木条和钉子 　　　2. 用于敲击钉子的锤子 　　　3. 用于保护眼睛的护目镜 　　　4. 用于保护双手的白手套 　　　5. 评价量表 　　　6. 学生名单若干张		
作品结果表现方式：每组制作完成的超级挂钩		

续表

驱动性问题：
教室后面摆放的扫帚、簸箕、抹布等各种打扫卫生的工具太多了，而且经常有小朋友随便就扔在地上。我们现在能不能利用一块木板和一些钉子制作一个万能的挂钩呢？

项目步骤	教师支架
一、制订计划 （一）每组发放一张任务表，小组组员交流任务表上自己认识的物品 （二）按任务表上的内容顺序，各小组轮流交流任务表上认识的物品 （三）学生分小组制订超级挂钩的制作计划 计划要求： 1.明确小组每个人钉钉子的分工 2.明确挂不同的物品钉子留在木条外部的长度差异 （四）交流计划，形成每组钉钉子的初步计划和超级挂钩制作步骤	进行活动规则讲解：挂不同物品的钉子可以有不同的嵌入深度，评分按能成功挂物品的钉子留在木条外部的长度计算，留在木条外部的钉子长度越长越成功（能牢固挂住物品）。每人完成一颗钉子的安装。 根据学生对制作计划步骤的讨论结果，引导学生梳理正确的制作步骤。
二、制作超级挂钩 （一）每人签订一份《工具使用安全协议》 （二）小组成员根据制作计划，进行每人一颗钉子的安装 （三）小组对自己组的超级挂钩进行质检，对作品进行修改 （四）小组成员填写作品评分表	教师需要做好安全教育，按步骤引导学生一项项完成任务。引导学生修正和完善制作计划。
三、展示分享 每组轮流展示自己组的超级挂钩。全班学生根据评分表和展示结果，选出"最佳超级挂钩"小组。	协助学生完成挂钩展示工作。

续表

项目评价：
1. "最佳超级挂钩"小组奖状（互评、教师评）
2. 超级挂钩制作过程自评和互评表

评价内容	自评星级	互评星级
独立思考超级挂钩的设计方案	☆☆☆	☆☆☆
能大方、流利地介绍自己的设计方案	☆☆☆	☆☆☆
在讨论中既能表达自己的意见也能接受和融合组员的意见，形成决定	☆☆☆	☆☆☆
能正确使用锤子完成敲钉子的任务	☆☆☆	☆☆☆
在制作过程中亲身参与并完成评分表记录	☆☆☆	☆☆☆
在测试过程中认真进行结果分析	☆☆☆	☆☆☆
对小组超级挂钩做出调整和改进	☆☆☆	☆☆☆
成果满意度	☆☆☆	☆☆☆

学生档案袋材料收集：
1. 超级挂钩作品照片
2. 评价表
3. 奖状

在"超级挂钩"项目的实施过程中，教师需要特别强调工具使用中的安全问题，尤其是锤子和钉子的使用。在学生进行动手操作之前，要强调这些工具使用的规则，并请小组成员互相提醒和帮助，一起安全顺利完成这个任务。在超级挂钩制作完成后，把评选出来的超级挂钩投入教室中使用，增加学生创作的自豪感和喜悦感。

六、"巧用杠杆"项目

"巧用杠杆"是"机械可以提高效率"主题下的项目。杠杆原理是技术工程中一个重要的原理。一年级学生对杠杆原理的理解一般比较浅显，但是基本有过玩跷跷板的经验。在课堂教学中将这些经验融入对杠杆原理的解释中，学生可以更容易理解其中的省力原则。而在设计杠杆装置时，学生需要对杠杆装置的结构有一个大体的设计，也要考虑到材料的选择问题，这就涉及审美技能中的比例与结构问题。表8-7列出了"巧用杠杆"项目实施指南。

表8-7 "巧用杠杆"项目实施指南

建议时间：35分钟	单元主题：简单机械	项目活动：巧用杠杆
项目描述： 利用杠杆原理的知识，设计一种装置，解决桌子不易抬动的问题。		
主要关联技能： 技术应用技力、审美技能 （比例与结构）		**主要关联学科：** 科学
项目目标： 1. 能够简单了解杠杆原理及其在生活中的运用 2. 能够与同伴合作设计一种杠杆装置 3. 能够按照要求对装置进行调整 4. 能通过评价表对自己和他人的作品做出合理的评价		
材料准备： 教师：木棍等材料；评价量表；学生名单若干张 学生：设计杠杆的材料，如尺、纸、橡皮等		
作品结果表现方式： 自制杠杆装置		
驱动性问题： 教室里讲台上的桌子有些矮，老师想在底下垫一些砖头，可是桌子太重了，有什么办法能够最省力地抬起讲台上的桌子吗？		

项目步骤		教师支架
一、制订计划 （一）首先让学生体验坐跷跷板，知道跷跷板的支点可以移动，然后讨论怎样移动支点更加省力 （二）学生分组讨论抬起桌子的省力方法 （三）学生分小组制订杠杆装置制作计划 计划要求： 1. 明确杠杆装置的作用 2. 明确杠杆装置的设计要求（能最省力地提起重物） （四）交流计划，如何设置装置才能最省力		根据学生的杠杆装置制作计划，帮助计划不明确的小组进一步理解杠杆原理，梳理正确的制作步骤。

续表

项目步骤	教师支架
二、制作杠杆装置，利用手边的材料想办法撬动桌子	教师结合杠杆原理和确定好的步骤，指导学生制作装置。
三、展示分享 小组进行装置展示，并用投票（贴粘纸等）方式选出最省力的装置为全班"最佳杠杆装置"。	出示评价表，引导学生仔细观察装置，并聆听其他小组对作品的解释，对照标准进行评价。

项目评价：

1. "最佳杠杆装置"小奖状（互评、教师评）
2. 杠杆装置制作过程自评和互评表

评价内容	自评星级	互评星级
独立思考杠杆装置设计方案	☆☆☆	☆☆☆
能大方、流利地介绍自己的设计方案	☆☆☆	☆☆☆
在讨论中既能表达自己的意见也能接受和融合组员的意见，形成决定	☆☆☆	☆☆☆
使用合适的材料进行装置制作	☆☆☆	☆☆☆
根据测试结果对杠杆装置做出调整和改进	☆☆☆	☆☆☆
成果满意度	☆☆☆	☆☆☆

3. 杠杆装置实用性自评和互评表

评价内容	自评星级	互评星级
材料选择	☆☆☆	☆☆☆
制作质量	☆☆☆	☆☆☆
省力程度	☆☆☆	☆☆☆

学生档案袋材料收集：

1. 杠杆装置照片
2. 两张评价表
3. 奖状

在实施"巧用杠杆"项目的过程中,最重要的是让学生体会到杠杆原理中支点的变化对杠杆两侧物体的平衡所产生的影响。教师在讲解杠杆原理这一较为抽象的概念时,需要与学生日常生活中具体的经验充分结合,以促进学生对这一概念的理解。

第四节 "技术工程"中的学与教

"技术工程"具有以下特点。第一,这门课程给了课堂更多的张力。教师并不会严格限制学生在每个环节做哪些事情,得出哪些结论,而是随着学生自己在活动中的体验而推进问题的解决。第二,这门课程试图让每个学生感受到技术工程的有趣和好玩,它不是距离生活很远的概念,相反,它一直就在我们身边,比如杠杆的作用。第三,这门课程鼓励每个学生发挥自己的聪明才智,设计与创造个性化的作品。这些特点使得这门课程与以往的科学课程区别开来。学生与教师在课堂中的教与学也表现出不一样的面貌。

一、项目化学习中的学生参与:成为主动积极的探究者

在科学发展的历史上,人类积累了丰富的科学知识。科学家们也已经验证了不计其数的实验结论。在小学阶段,这些事实性的知识和结论对于学生来说有些是非常抽象的。这个阶段的学生活泼好动,对周围的事物充满着好奇心和探索的欲望,因此,在"技术工程"课程的教学中,教师不要仅把这些结论抛给学生,而要带领学生一起经历科学家探索事物的过程,从而培养学生形成主动尝试和探索的习惯。

同时,教师应在确保学生安全的基础上尽可能放手让学生自己尝试。如果一切都由教师来操作、来包办,那么学生就缺少了不断尝试、不断调整自己做法的机会。放手让学生自己尝试,即便是学生遇到了自己解决不了的问题,他们也会积极地向身边的同伴寻求帮助,学生与学生在这种合作之中加

深了感情,并逐渐体会到合作的力量。在"技术工程"这门课程中,教师一开始往往担心工具会伤着学生,到后来慢慢强调工具使用的规则,然后意识到需要放手让学生自己来开酒瓶、使用锤子,到最后发现,学生的表现超出了教师的期待。

二、项目化学习中的任务设计:提出驱动性问题

在项目化学习中,通常会有一个驱动性问题,这一问题是用来组织和激发学生的项目化学习的。这种驱动性问题既要与学生的真实生活经验建立联系,又要具有一定的挑战性,能够激发学生的探究热情。在一些学科教育中,教师提出的任务情境距离学生的生活太远,同时也缺乏一定的难度,学生没有办法将这个问题与自己的经验建立联系,也就没有太多的热情去进行探究活动。而在"技术工程"课程中,教师会提供一些贴近生活实际的情境任务,让探究活动变成一种解决真实问题的过程,同时又兼具挑战性。比如,在"创意挂钟展"活动中,王颖老师先让学生仔细观察生活中的钟面和钟面组成,然后在学生确认钟面上必备的要素之后,创设了这样一个生活情境:

我最近家里新装修了房子,缺少一个又有创意又实用的钟。小朋友们,现在,你们一个小组一起,利用桌面上的材料创造属于你们自己的钟面。最后,老师会给你们小组的钟出价,最高不会超过10元。如果你想提高我给你的价格,你还可以继续修改。我出价的标准是,第一,我要能够从这个钟面上看到具体的时间,几点钟。第二,钟面有创意,和我们平时看到的钟面不一样。

这个任务情境富有生活趣味,学生们对设计实用性的东西会表现得非常有兴趣。王颖老师还利用"拍卖"这一环节来对学生设计的钟面进行评价,并且把标准说得非常清楚。学生的钟面只有兼顾实用性和创意性,才能在"拍卖"中取得一个好的价格。"技术工程"课程一般都会利用这种带有游戏化性质的任务激发学生的兴趣,并在其中设置一些评价标准,促使学生掌握其中的科学知识,从而提升技术应用能力。

三、项目化学习中的同伴交往：如何让别人采纳自己的建议

在项目化学习实施过程中，有些项目是没有办法一个人完成的，这个时候需要依靠小组的力量。而在小组内，每个人都有每个人的想法，如何说服他人采纳自己的建议，这对一些平时缺乏社会交往经验的学生来说是有一定困难的。当这样的学生向教师寻求帮助时，教师可以提供哪些建议帮助他们更好地与别人交往呢？下面这个例子可能会给我们一些启发。

> **如何让别人相信我？**
>
> 二（4）班有一名女学生小G，是个性格乖张、时常一意孤行的小姑娘。有一次，她又跟组员们争得面红耳赤，组员们却坚持因为她不是组长，不予采纳她的活动建议。我闻声过去询问，她只顾自己趴在桌子上哭，说："明明我的办法一定能行得通，他们就是不愿意相信我，难道就因为我不是组长？"我说："我相信你的做法可以行得通，但是大家都没有试过，怎么知道他们自己的办法不行？你得给他们时间去试。假如换成是你，当你还没有做时老师就肯定地告诉你一定会失败，你会不会心甘情愿地接受呢？"
>
> 她若有所思地点了点头。我接着说："我知道你是个很有想法的女孩，你很棒，但是要想让别人接受你的观点，先要让别人接受你的为人，比如你平时喜欢恶作剧，对同学讲话不够礼貌，这些都会影响同学对你的意见的判断；如果你学会尊重别人，和别人分享，那你的建议一定会更快被大家接受。"她默默地听着，仿佛在回味着我的话。
>
> 接下来，在一次实验中，需要组长们拿出材料。有一个小组的组员纷纷举起了小手抱怨起来："老师，组长没有根据老师要求带材料，我们都不能做这个实验了。""是吗？"我正准备帮助他们解决这个问题，小G举手并迫不及待地站了起来："我带了很多，我可以把我的菜叶分给大家吗？"她第一次那么有礼貌地提出要和大家分享她的材料。同组的同学都向她投去了不一样的眼光。自此以后，小G与同学的关系明显缓和了许多，渐渐学会不固执己见，包容地对待别人的观点。

在项目化学习中，学生需要学会的重要一课是合作，学会向他人表达自己的想法，学会让他人倾听并采纳自己的建议，学会一起想办法来解决项目中遇到的难题。一起合作并不难，首先要有一个起身的姿态，即如果想要获得别人的尊重，首先自己应该尊重别人。小G终于在教师的启发下懂得了这个道理。我们为学生这样的转变而欣喜。

四、项目化学习中的成果展示：学生多样的创作

在"技术工程"中，为了鼓励学生动手创作，激发学生的学习兴趣，增加学生的学习成就感，在每次项目化学习活动结束后，教师都会将学生的成果进行展示。这些成果是学生对学习内容的理解与感悟的物化，也为学生之间相互交流和讨论提供材料。因而，项目化学习中的成果，也是对学生进行过程性评价的重要依据。

小学生正处在充满想象力和创造力的年纪，这种想象力和创造力也会表现在他们完成的作品上。在"技术工程"中，课程作业经常是开放式的内容，比如在"巧用杠杆""创意挂钟展"等任务中，学生可以根据自己的爱好选择材料、搭建框架和结构、选用颜色和版式等。也因为有这样的空间，学生在动手操作的过程中会赋予作品多样化的特征。学生的作品，一方面是学生个性特征的表现，另一方面也反映了学生对课程知识的理解和运用。教师正是通过学生作品的情况调节、改进学生的学习，完成创作的过程性评价。

五、项目化学习中的教师支持：建立合作学习的规则

学生与学生之间存在着个性差异。对于同一件事情，每个人都有自己的想法和主张，都希望按照自己的想法来完成。然而，在项目化学习中，很多活动是一种团队性质的活动。而在小组合作中，共同完成一件作品对学生来说是一个不小的挑战，特别是对于低年级的学生。

我们鼓励学生在小组讨论中积极发表自己的想法，同时也鼓励学生认真聆听每一个人的发言。在小组讨论中，如何能够保证平时喜欢沉默的孩子也

能够说出自己的想法呢？在小组合作中，谁的声音大，我们就听谁的吗？特别是在低年级的小组合作中，我们需要一点点解决上面的问题，一点点建立起小学合作的规则。在"究竟谁说了算"这个案例中，我们一起看看小组讨论如何从嘈杂、喧闹走向有条不紊。

> **究竟谁说了算？**
>
> 在二年级的主题教学中，当我布置了讨论的要求后，教室里渐渐地热闹了起来。正当我认真聆听一个小组的讨论时，突然听到身后传来了嘈杂的吵闹声。我回头一看，只见两个女生站立在座位前，一个面红耳赤，一个慷慨激昂，一个说："我就要选铁钩的。"另一个说："我选绳子的。"一个马上反驳说："我觉得还不如选择一个木头的"……就这样，这俩人吵得不可开交，其他的组员有的面面相觑。正在我正思考着对策的时候，另一小组的一个小朋友竟然跑到我身边向我哭诉："老师，我们小组成员都乱七八糟的，每个人都自己乱选！"
>
> 于是，我立刻叫停了活动，让全班安静下来。我问全班："刚才你们每个小组有没有什么问题需要我帮助？"这时，很多小朋友举起了手，一一向我反映了他们在活动中遇到的问题。于是，我问他们："你们觉得有什么好的解决方法吗？"一些孩子便积极地向我出谋划策，最终我根据他们的策略制定出了讨论的步骤：一、每个人按序号逐一发表意见，还要讲出自己的理由；二、小组成员全部发表完意见后，才能开始选择；三、如果有很多种不同的意见，则采取举手表决的形式，少数服从多数。在讲完了步骤后，我要求每个小组按照步骤，再一次进行讨论，并规定了讨论时间。这一次，刚才还争吵不休的"小麻雀们"很有条理地完成了任务。

在很多较为内向的学生看来，相比在全班同学面前发言，在小组中发言的压力要小一些，因为即使犯了错误也只有几个同学知道，所以他们愿意接受这种每个人都发言的规则。当然，在小组讨论里是需要听取大家共同的想法和意向的，这是学生接受平等和民主思想的启蒙。同时规定"讲清楚理由"是希望学生能够讲清楚自己这样做背后的依据，这样有利于学生开展较为深入的讨论，从而形成一种良好的班级文化氛围。

本章结语

"技术工程"课程带着延伸学生的好奇心和求知欲的美好愿望出发，让学生运用自己的力量来感受机械，感受技术给社会发展带来的便利。

"技术工程"课程在一些活动任务中整合了数学、科学、艺术等多门学科的知识，为学生呈现了富有生活气息和儿童乐趣的情境任务，吸引着学生依靠材料、依靠身边的同学、依靠身旁的老师、依靠自己来解决这些任务。

"技术工程"课程也给了学生一片自我创造的天地。他们可以发挥自己的想象力，设计生活中需要的工具或者简单的机械，在将想象变成现实的过程中，再一次感受自己的力量，感受技术的力量。

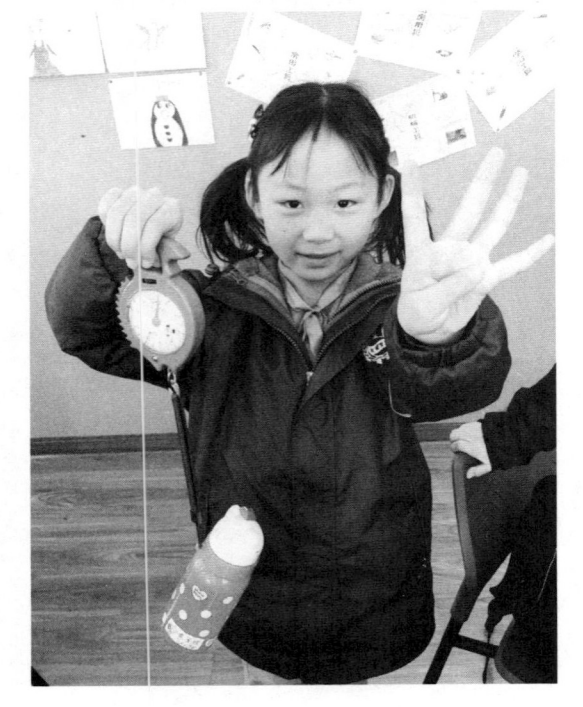

学生发挥创造力制作的挂钟 | 学生们自己制作的弹簧相片夹

学生在使用弹簧秤称物品重量

第八章 技术工程：技术运用与持续发展　263

学生们正在尝试使用漏斗

参考文献

陈之华，2009. 芬兰教育全球第一的秘密［M］. 北京：中国青年出版社.

达林–哈蒙德，等，2010. 高效学习：我们所知道的理解性教学［M］. 冯锐，等译. 上海：华东师范大学出版社.

傅冰，2005. 从中美教育比较的视角看如何培养学生的创造力［J］. 思想·理论·教育（20）：51–54.

国际文凭组织，2010. 小学项目的实施：国际初等教育课程框架［R］. 国际文凭组织.

国际文凭组织，2011. 制定超学科探究计划［R］. 国际文凭组织.

国际文凭组织，2017. 发展主题单元［EB/OL］.（2017-12-20）［2018-06-20］. https://ibpublishing.ibo.org.

教育那些事儿，2016. 你真的了解芬兰教育吗？什么是"现象教学"？［EB/OL］.（2016-12-12）［2018-07-12］. http://sanwen8.cn/p/6af75s6.html.

克拉斯克，布卢门菲尔德，2010. 基于项目的学习［M］// 索耶. 剑桥学习科学手册. 北京：教育科学出版社：318.

林崇德，胡卫平，2012. 创造性人才的成长规律和培养模式［J］. 北京师范大学学报（社会科学版）（1）：36–42.

刘晟，等，2016. 21世纪核心素养教育的课程、教学与评价［J］. 华东师范大学学报（教育科学版），34（3）：38–45.

孙崇勇，李淑莲，张文霞，2016. 创造性4C认知量表（PC4CS）中文版的信、效度检验［J］. 中国健康心理学杂志，24（7）：1046–1050.

夏雪梅，许玮，2015. 融入21世纪技能的学校课程路径分析：中西课程融合的视角［R］.

上海：第13届上海国际课程论坛.

夏雪梅，2018. 学科项目化学习设计：融通学科素养和跨学科素养［J］. 人民教育（1）：61–66.

闫寒冰，王巍，2020.跨学科整合视角下国内外STEM课程质量比较与优化[J].现代远程教育研究，32（2）：39–47.

臧莺，2012.创造力是中国学生的"短板"：时报专访国际著名数学家丘成桐[J].基础教育论坛（8）：37–38.

朱小虎，2016.基于PISA的学生问题解决能力研究[D].上海：华东师范大学国际与比较教育研究所：6–7.

Arjomand G，Erstad O，Giljie O，et al.，2013. KeyCoNet 2013 Literature Review：Key Competence Development in School Education in Europe［R］. IIPE-UNESCO.

Barbot B, Heuser B, 2017. Creativity and Identity Formation in Adolescence: A Developmental Perspective[M]//Barbot B, Heuser B.Creative Self.Salt Lake City: Academic Press: 87–98.

Beghetto R A, Kaufman J C, 2007. Toward a Broader Conception of Creativity: A Case for Mini–c Creativity[J]. Psychology of Aesthetics Creativity and the Arts, 1（2）: 73–79.

Chisholm L, 2005. Bridges for Recognition Cheat Sheet: Proceedings for the SALTO Bridges for Recognition: Promoting Recognition of Youth Work Across Europe[R]. SALTO-Youth Inclusion Resource Center: 3–12.

Geary D C, 2002.Principles of Evolutionary Educational Psychology[J].Learning and Individual Differences, 12（4）: 317–345.

Geary D C, 2006.The Origin of Mind: Evolution of Brain, Cognition and General Intelligence[J]. Genes Brain and Behavior（1）.

Gordon J，Halász G，Krawczyk M，et al.，2009. Key Competences in Europe：Opening Doors for Lifelong Learners Across the School Curriculum and Teacher Education［R］. CASE-Center for Social and Economic Research on Behalf of CASE Network.

Guilford J P, 1967.Creativity: Yesterday, Today and Tomorrow[J].Journal of Creative Behavior, 1（1）: 3–14.

Hoskins B，Deakin C R，2010. Competences for Learning to Learn and Active Citizenship：Different Currencies or Two Sides of the Same Coin?［J］. European Journal of Education，45（1）：121–138.

Hung W, 2015.Cultivating Creative Problem Solvers: The PBL Style[J]. Asia Pacifific Education Review（16）: 237–246.

Mayer A, 2016. What's the Difference Between "Doing Projects" and Project-Based Learning? Image Attribution Flickr User Josekevo; The Difference Between Projects And Project-Based Learning［EB/OL］.（2016–06–13）［2018–06–06］. http：//www.friEdTechnology.com.

Perkins D, 2016. Using Project-Based Learning to Flip Bloom's Taxonomy For Deeper Learning ［EB/OL］.（2016–11–30）［2018–06–08］. http：//www.teachthought.com/learning/project-based-learning/using-project-based-learning-flip-blooms-taxonomy-deeper-learning/.

Silander P, 2015. Phenomenon Based Learning［EB/OL］.［2017–03–16］. http：//www.phenomenaleducation.info/phenomenon-based-learning.html.

Strobel J, van Barneveld A, 2009.When Is PBL More Effective? A Meta-Synthesis of Meta-Analyses Comparing PBL to Conventional Classrooms[J].Interdisciplinary Journal of Problem-Based Learning, 3（1）: 44–58.

Sulaiman F, Coll R K, Hassan S, 2014.An Investigation of the Effectiveness of PBL Online on Students' Creative Thinking: A Case Study in Malaysia[J].International Journal of Humanities and Social Studies Invention, 3（8）: 49–55.

Sweller J, Clark R E, Kirschner P A, 2011.Teaching General Problem Solving Does Not Lead to Mathematical Skills or Knowledge[J].European Mathematical Society Newsletter（3）: 41–42.

Walker A, Leary H, 2009. A Problem-Based Learning Meta Analysis: Differences Across Problem Types, Implementation Types, Disciplines, and Assessment Levels[J]. Interdisciplinary Journal of Problem-Based Learning, 3（1）: 12–43.

后　记

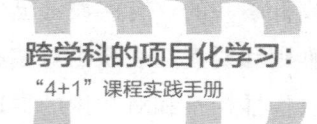

本书的课程实践时间有5年之久。

张悦颖校长带领教师们所实践的"4+1"课程是国内我所见到的为数不多的从课程意义上构建的跨学科学习体系。作为一所新兴的学校，康外依靠创新学习与课程的力量，走得这样扎实而深入，富有创新意义，是很难得的。在和他们共同观课、评课与撰写书稿的过程中，很多鲜活的现场故事和学生、教师的学习风貌深深打动了我。为此，我愿意付出时间和精力让他们的创新实践为更多人所了解。

一般来说，一所学校的实践往往会囿于自己的特色或"小我"，而很难有开阔的视野和格局，但是，"4+1"课程并不存在这样的问题。本书中的课程结构和设计体系来自国际IB课程、STEAM课程和本土课程的创新性融合，并且吸取了项目化学习的核心要素。为此，本书所呈现的课程结构突破了一所学校的限制，而对于其他学校具有广泛的借鉴价值和意义，这种课程结构能让学校和教师在目前的教育体制中做到坚持传统和创新并行不悖。

而因为有良好的课程架构的设计和课程时空的开放，所有这些长短不一的项目能在一个长程的时段内产生扩大的系统作用，推动儿童运用所学进行创新思考与实践，也让教师重新理解教育与学习的意义。这是非常典型的"用课程改变课堂"的学校样例。

就其中具体的项目而言，"4+1"课程中所涉及的300多个活动的项目化水平还是高低不一的。有些设计已经很符合当前国际上主流的"严谨"的项目化学习准则和要素，表现出对核心知识的关注及学生对驱动性问题的自主、持续、合作性探索和对知识的再造，而有一些则还停留在"有创意的主题活动"的层次。这也是非常容易理解的，真实学校中的课程变革总是一步步发生的。

"跨学科学习"这个范围更广的术语可能更能代表康外在具体项目层面表现的多样性，而本书之所以用"跨学科的项目化学习"来作为书名，是预示着我们对康外共同的期待：运用项目化学习要素对"4+1"课程进行持续更新，贯通"4"和"1"，让"1"中的每一个项目都经得起推敲。虽然这是一个漫长而有挑战性的过程，但也是一个充满乐趣和意义的过程。

本书形成的过程是一个美好的分享与碰撞的历程。感谢世外在PYP课程上的探索为本书的形成奠定了良好的基础，感谢康外的沈燕泓校长和王颖老师贡献她们的智慧。作为我的好伙伴，感谢吴宇玉和李倩云的共同参与。本书各章撰写分工如下：前言，张悦颖；第一章，夏雪梅，张悦颖；第二章，张悦颖，夏雪梅；第三章，沈燕泓，张悦颖；第四章，夏雪梅，吴宇玉；第五章，吴宇玉，夏雪梅；第六章，夏雪梅，李倩云；第七章，王颖，张悦颖，夏雪梅；第八章，李倩云。康外的很多教师为本书的案例做出了贡献，他们是：黄子洋、高雅雯、廉锡滢、杨丽、黄影玥、周华菁、杜卫玉、高雅、孙沂、杨佳怡、汪晓燕、沈欣妍、王颖、滕云，在此一并予以感谢！

希望本书的呈现可以为当下跨学科的项目化学习打开一个新的视角。是为记！

夏雪梅
2018 年 3 月 8 日

出版人　李　东
策划编辑　池春燕
责任编辑　池春燕
版式设计　京久科创　郝晓红
责任校对　贾静芳
责任印制　叶小峰

图书在版编目（CIP）数据

跨学科的项目化学习："4+1"课程实践手册／张悦颖，夏雪梅著.—2版.—北京：教育科学出版社，2021.3（2024.11重印）

（学习素养·项目化学习的中国建构丛书／夏雪梅主编）

ISBN 978-7-5191-2447-2

Ⅰ．①跨… Ⅱ．①张… ②夏… Ⅲ．①课程—教学研究　Ⅳ．①G423.04

中国版本图书馆CIP数据核字（2021）第002325号

学习素养·项目化学习的中国建构丛书

跨学科的项目化学习："4+1"课程实践手册
KUA XUEKE DE XIANGMUHUA XUEXI："4+1" KECHENG SHIJIAN SHOUCE

出版发行	教育科学出版社
社　　址	北京·朝阳区安慧北里安园甲9号　邮　编　100101
总编室电话	010-64981290　编辑部电话　010-64989441
出版部电话	010-64989487　市场部电话　010-64989009
传　　真	010-64891796　网　　址　http://www.esph.com.cn
经　　销	各地新华书店
制　　作	北京京久科创文化有限公司
印　　刷	保定市中画美凯印刷有限公司
开　　本	720毫米×1020毫米　1/16　版　次　2021年3月第2版
印　　张	18.25　印　次　2024年11月第11次印刷
字　　数	259千　定　价　48.00元

图书出现印装质量问题，本社负责调换。